历史面面观
ALL ABOUT HISTORY

CHART THE RISE, RULE AND DEMISE OF AN EMPIRE THAT SHAPED MODERN EUROPE

神圣罗马帝国

讲述这个塑造现代欧洲的帝国是如何崛起、统治并灭亡的

[英] 查尔斯·金杰 编著
崔学森 李应鹰 译

HOLY ROMAN EMPIRE

新世界出版社
NEW WORLD PRESS

审图号：GS（2022）1195号

著作权合同登记号：京权图字01-2021-3468号

图书在版编目（CIP）数据

神圣罗马帝国 /（英）查尔斯·金杰编著；崔学森，李应鹰译. -- 北京：新世界出版社，2022.4
（历史面面观）
ISBN 978-7-5104-7407-1

Ⅰ.①神… Ⅱ.①查… ②崔… ③李… Ⅲ.①神圣罗马帝国 (800-1806) －历史 Ⅳ.① K516.3

中国版本图书馆 CIP 数据核字 (2021) 第 270657 号

神圣罗马帝国

编　　著：[英] 查尔斯·金杰
译　　者：崔学森　李应鹰
责任编辑：熊文霞
装帧设计：魏芳芳
责任校对：宣　慧
责任印制：王宝根　苏爱玲
出　　版：新世界出版社
网　　址：http://www.nwp.com.cn
社　　址：北京西城区百万庄大街 24 号（100037）
发 行 部：（010）6899 5968（电话）　（010）6899 0635（电话）
总 编 室：（010）6899 5424（电话）　（010）6832 6679（传真）
版 权 部：+8610 6899 6306（电话）　nwpcd@sina.com（电邮）
印　　刷：小森印刷（北京）有限公司
经　　销：新华书店
开　　本：787mm × 1092mm　1/16　尺寸：185mm × 260mm
字　　数：277 千字　印张：12.75
版　　次：2022 年 4 月第 1 版　2022 年 4 月第 1 次印刷
书　　号：ISBN 978-7-5104-7407-1
定　　价：78.00 元

欢迎阅读
“历史面面观”系列之
《神圣罗马帝国》

神圣罗马帝国影响欧洲长达千年，余波至今渗透欧罗巴的各个角落。它诞生于公元800年，由查理曼的钢铁意志铸就，从这时起，欧洲将挥别崎岖坎坷的“黑暗时代”，开启一个新纪元。通过征服、结盟和联姻，这个欧洲大国新秀将把权力的触角伸至西欧大部，逐渐演变成一个由诸多邦国构成的松散权力体系，与之相伴的是战火连绵、改革不休。这个帝国有哪些重要人物，他们又是如何统治的呢？这个野心勃勃的庞然大物最终为何轰然倒下？这些问题都可在书中找到答案。

目 录

神圣罗马帝国地图 4

欧洲之父

Father of Europe

查理大帝 8
如何征服撒克逊人 14
只拥有虔诚之心是远远不够的 18

十字军国王

Crusader Kings

奥托一世 26
“红胡子”腓特烈一世 36
英雄还是恶棍——腓特烈二世 46

宗教改革和文艺复兴

Reformation & Renaissance

欧洲文艺复兴 54
宗教改革时间线 60

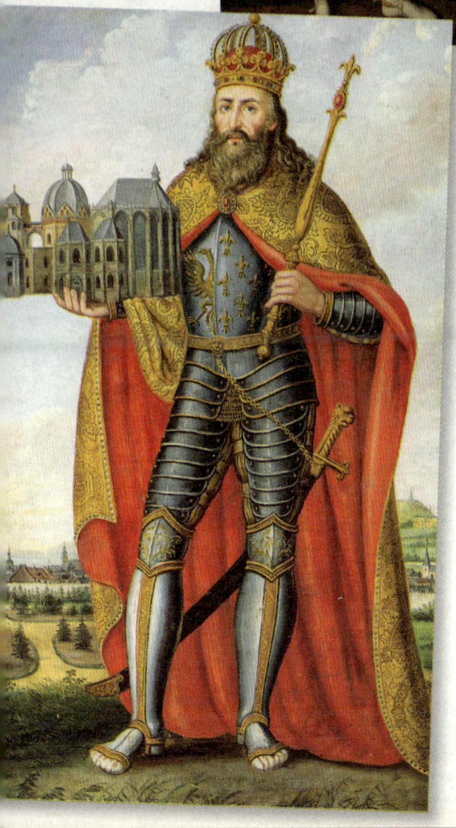

如何在宗教改革中生存 66
如何制作宗教改革小册子 70
德意志农民战争 74

哈布斯堡家族

The Habsburgs

哈布斯堡王朝简介 80
查理五世 84
霍夫堡皇宫 95
奥地利的玛格丽特 106
奥地利的炼金术士 120

死亡与衰落

Death & Decline

三十年战争 134
结束的开始? 148
维也纳战役 154
鹰之决斗 158
瓦尔密之战 167
1803 年的《帝国代表重要决议》 180
奥斯特利茨之战 184
1806 年后存续 196

北海
丹麦王国
波罗的海
条顿骑士团
库亚维公国
马佐夫舍公国
波兰王国
英格兰
英吉利海峡
COUNTY of ZEELAND
COUNTY of HOLLAND
FREE FRISIAN LANDS
BISHOPRIC of UTRECHT
ARCHBISHOPRIC of BREMEN
什未林伯爵领
波美拉尼亚·什切青公国
吕讷堡公国
勃兰登堡选侯国
卢萨蒂亚侯爵领
DUCHY of GELRE
BISHOPRIC of MUNSTER
佛兰德斯伯爵领
布拉班特公国
卢森堡公国
ELECTORATE of TRIER
LORRAINE
DUCHY of LORRAINE
波希米亚选侯国
摩拉维亚侯爵领
奥地利公国
慕尼黑公国
匈牙利王国
施蒂里亚公国
法兰西王国
弗朗什-孔泰伯爵领
奥地利
蒂罗尔伯爵领
DUCHY of CARINTHIA
REPUBLIC of VALAIS
COUNTY of GENEVA
萨伏依伯爵领
BISHOPRIC of TRENT
PATRIARCHATE of AQUILEIA
卡尼奥拉侯爵领
米兰
LORDSHIP of VERONA
REPUBLIC of VENICE
LORDSHIP of PIEDMONT
克罗地
波斯尼亚

书中地图系原文插附地图

欧洲之父

Father of Europe

查理大帝 8

如何征服撒克逊人 14

只拥有虔诚之心是远远不够的 18

查理大帝

CHARLEMAGNE

742—814

查理大帝被尊称为“欧洲之父”，也是法国和德意志大部分地区的统治者。他不仅是一位声名显赫的国王，更是一位重新征服欧洲大陆的霸主

公元6世纪，300多年来，欧洲一直笼罩在黑暗之中。随着教皇的权力日渐衰弱，一度强大的罗马教会四面楚歌，西罗马帝国摇摇欲坠，稳定不再，曾经繁荣的文化像横穿欧洲大陆的破碎罗马道路一样分崩离析。

欧洲需要一个强有力的领袖拯救其于危难之中，不久之后，加洛林王朝诞生。这是一个自立为王的家族，他们通过武力稳固国土，凭借可怕的侵略扩张边界，同时还采取威胁的手段确保基督教会的至高地位。在这样无休止的暴力冲突中，西欧还将延续1000年。

现在的法国、德国西部、瑞士、荷兰和比利时的大部分地区都居住着法兰克人，他们来自一个日耳曼部落，在罗马沦陷后留下的权力真空期内分裂成几个小王国。这些小君主国并不是由它们名义上的君主，即慢慢被大臣们边缘化的墨洛温王朝的“懒王”(Rois Fainňants)，而是由类似大宰相的宫相联结起来的。

埃斯塔勒的丕平（Pepin of Herstal）在公元680年至714年他去世的这段时间里，一直努力为国家带来稳定，使其他法兰克国家臣服，并把基督教传播到了最遥远的地方。他的儿子查理·马特尔（Charles Martel）则是他的得力干将。虽然丕平已经提名他的嫡孙为继承人，但身为私生子且没有任何继承机会的查理却以武力夺取了王位。尽管不是丕平的合法继承人，但他极为出色地实现了父亲的宏图伟业，加强了对法兰克人领土的集中控制，并凭借常备军和改革后的重型骑兵将其统治范围进一步扩张到现代的荷兰、丹麦和德意志。

除此之外，他击败东部的异教徒撒克逊人，并阻止了摩尔人的前进。摩尔人是强大的倭马亚哈里发王朝的北非和西班牙穆斯林，在征服西班牙之后，他们试图越过比利牛斯山脉进攻法国。一位教皇感念“铁锤”查理的功德，甚至想予他高位。查理拒绝了这番好意，但这预示着他的孙子将要踏上自己的征程。

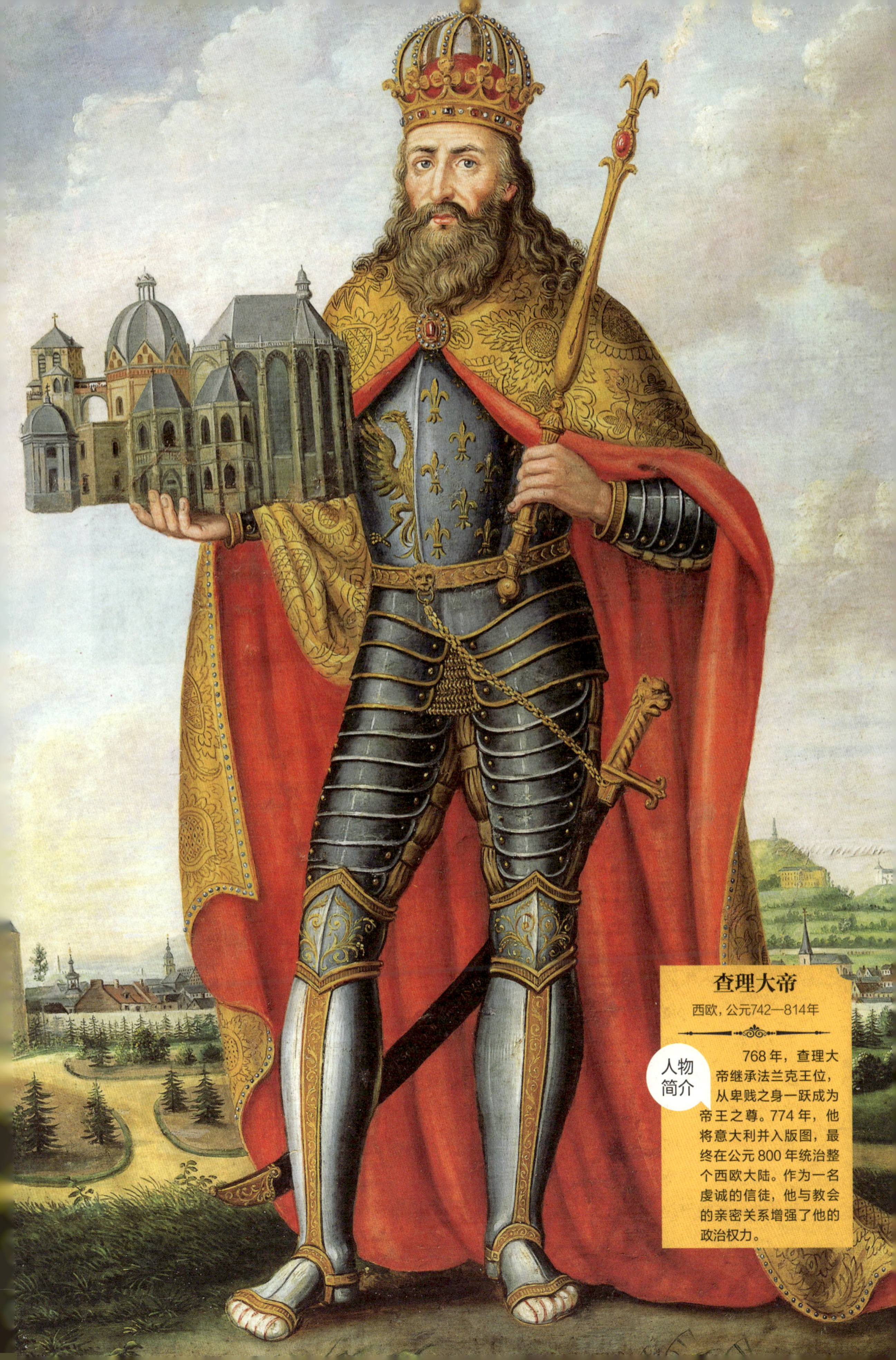

查理大帝

西欧，公元742—814年

人物简介

768年，查理大帝继承法兰克王位，从卑贱之身一跃成为帝王之尊。774年，他将意大利并入版图，最终在公元800年统治整个西欧大陆。作为一名虔诚的信徒，他与教会的亲密关系增强了他的政治权力。

△ 查理·马特尔，查理大帝的祖父，在公元 732 年的图尔战役中击败摩尔人

“查理大帝从国王到皇帝的身份转变与教会的动荡纷争息息相关”

公元 768 年，查理大帝继承了父亲“矮子”丕平（Pepin the Short）的王位。丕平毫不掩饰自己想要成为最高统治者的野心，强迫最后一名墨洛温王朝的国王进入修道院，自封“法兰克国王”。查理大帝拥有和他的前辈们一样的热忱。查理大帝戎马一生，一度把查理·马特尔与摩尔人的战火烧到西班牙北部；他继续对撒克逊人的征服并试图让他们皈依基督教，为此，他发动新的战役，与意大利北部的伦巴第人、克罗地亚的斯拉夫人和匈牙利的阿瓦尔人展开战斗。

查理大帝佩带咎瓦尤斯 ，带领他的私人卫队斯卡拉骑兵参与战斗，他的功绩在现实基础上富有一些神话色彩。将其中的传说剥离出来并不容易，但他从国王到罗马帝国倒台后的第一个“罗马皇帝”的身份转变之旅，

△ 圣贾尔斯赦免皇帝。虽然这是一个流传甚广的传说，但没有证据表明两人曾经见过面

与他作为一个战斗国王的传奇关系不大，而是和教会自身的动荡纷争息息相关。

教皇利奥三世在前一任教皇阿德里安一世被安葬的当天继位。因为阿德里安一世从国王那里获得了封地和庇护，所以他非常担心国王会干涉新教皇的选举。他顾虑重重，但还是很快倒向了这位罗马最强大的盟友：利奥承认查理大帝为罗马人的皇帝，他给查理大帝送去一封信，并随信奉上圣彼得大教堂的钥匙和教皇旗帜。

利奥认为查理大帝是罗马教廷的捍卫者，并相信自己会得到罗马的保护。作为回报，大帝同样宽宏大量：他向教皇表示祝贺，并送去巨额财富（他与阿瓦尔人作战的战利品）。但这并不是无偿的，这表明，由于他碰巧是基督教的坚定捍卫者，教皇有责任为持续征讨的法兰克军队祈祷。查理大帝与利奥达成默契共识，作为回报，利奥授予他“罗马皇帝”这个自 5 世纪以来一直空缺的头衔。

当利奥与国王在西北部互传书信谋划大计，并利用从阿瓦尔人那里掠夺来的物品成为艺术赞助商时，已故阿德里安一世的家族发动了一场阴谋将利奥废黜，并由阿德里安的侄子普里米塞罗斯接替教皇职务。

799 年 4 月 25 日，在吟唱着连祷文的仪仗队穿过罗马时，利奥遭到武装袭击。暴徒们刺伤利奥的眼睛，企图割掉他的舌头。他们把他拖到圣西尔维斯特罗教堂，又试图挖出他的眼睛，浑身是血的教皇失去知觉，随后被囚禁于圣伊拉斯谟修道院。

受伤的利奥被敌人强加上作伪证和通奸的罪名，但令人惊讶的是，他很快逃离罗马并逃到了离北部约 126 千米的斯波莱托。在斯波莱托公爵的保护下，他得以安全地前往萨克森的帕德伯恩，觐见查理大帝。

利奥能在离罗马如此近的意大利中部翁布里亚地区找到法兰克国王的忠仆，这清楚地表明了法兰克人和罗马天主教会之间的权力关系是不平衡的，而这种关系也引起了利奥的焦虑。

伦巴第人战败后，这块领土于公元 776 年归入罗马管辖，但国王仍旧保留选择公爵的权力，这使教皇的控制权变得毫无意义，就如同查理大帝祖先统治下的最后几个墨洛温国王根本没有实权。

显然，查理大帝干涉政治带来的威胁在身家性命前不值一提，利奥恳求国王对他施以援手。他没有这样做的权力——无论是他还是密谋者都不是法兰克王国的臣民，而且没有成文的法律能让主教屈从于世俗权威。由于萨克森的冲突仍在继续，查理大帝将此事暂且搁置一年，同时邀请康复的教皇成为他的客人。公元800年11月，查理大帝带着一大群（无疑是相当具有威胁性的）随从前往罗马，召集了一个由该市宗教权威组成的委员会，耐心地听取了利奥受到的指控，然后允许这个被废黜的教皇慷慨激昂地申辩自己无罪。

不出所料，查理大帝站在利奥这一边，并下令处决这些密谋者，但利奥要求将他们流放。这个不受欢迎的教皇可能是试图利用此举证明自己宽厚仁爱。

同年圣诞节，心怀感激的教皇加冕查理大帝为“罗马皇帝”，官方记载坚称查理大帝是在中世纪早期的一个惊喜派对中被强行授予此位的。国王的传记作家、修道士艾因哈德声称，他的陛下“非常厌恶（被加冕为帝），他宣称早知如此，绝不会踏入教堂”。

查理大帝和利奥很可能已经达成了某种协议。毕竟，笑嘻嘻的神父把一顶镶满宝石的皇冠像生日蛋糕一样藏起来的说法可笑至极，令人难以想象。查理大帝统治时期的相关文件显示，他更喜欢使用“查理，被上帝加冕的最安详的奥古斯都，统治罗马帝国的伟大平和之帝”的头衔，而不是更简单、更常用的“罗马人的皇帝”。此举不一定出自对该头衔的厌恶，查理的谦卑可能和利奥的怜悯一样，不过是一场专业的表演罢了。

尽管如此，由于查理大帝对法兰克国土毫无争议的统治，他完全依靠军事实力保障帝国的安稳，而不需要像令人生畏的查理·马

▽ 查理大帝下令在美因河河畔建一座城——法兰克福

现代欧洲的诞生

查理大帝改变欧洲大陆的三大方式

01 文学家

查理大帝时代，书面文字还没有成体系的写作规则，因此他在写作形式上推行了一套改革方案，坚持用双空格分隔单词，在段落开头加一个缩进，用标点符号指示读者应该在哪里停顿。问号和小写字母也应运而生。

02 银器时代

由于黄金短缺，查理大帝和盎格鲁－撒克逊国王奥法将他们的货币标准化，规定 1 磅白银（拉丁语为“里拉”）的 1/20 为 1 苏，1 苏的 1/12 为 1 第纳里。这是从英镑到意大利里拉等许多全球货币的起源。

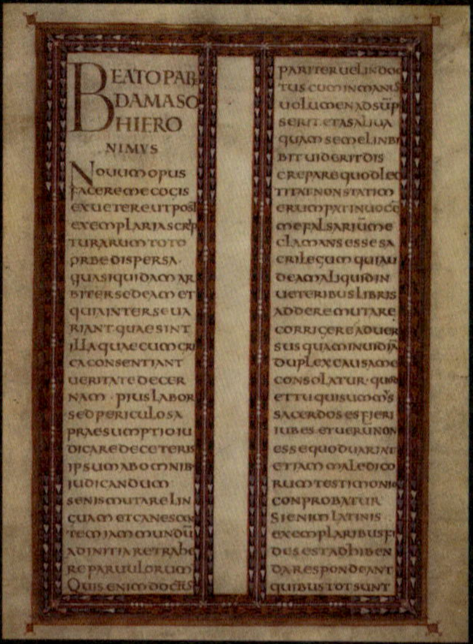

03 走出黑暗

查理大帝对艺术的兴趣带来了加洛林文艺复兴，一个艺术、文学、诗歌和学术的繁荣时代。在传统定义中，黑暗时代涵盖了 6—13 世纪，但对法兰克人来说，它在开始之前就结束了，幸存的罗马手稿中有 90% 因为修道士的抄写才得以保留至今。

特尔那样宣称自己是“罗马人的国王”，但脆弱的教皇需要一位皇帝来保护他以及一个以教会为核心的庞大帝国。只有罗马人会怀念曾经辉煌的帝国，法兰克人在 4 世纪对罗马统治的反抗，以及他们对罗马帝国的瓜分，会让他们生出一种强烈的自豪感。

不过，查理大帝的头衔丝毫没有改变他处理事务的方式，而世人将花费 150 年的时间去感受他升任欧洲最高职位（无论是不情愿的还是自愿的）的影响。

公元 962 年，奥托一世首次获得“神圣罗马帝国皇帝”这一头衔，并按照查理大帝的形象重新塑造了自己，创造了一个强大的多民族国家和一个即将延续 1000 多年的王朝。

通过神圣罗马帝国，查理大帝的统治不仅确立了欧洲超级帝国之一法国在宗教和文化上的至高无上的地位，同时还确立了诸多如奥地利、德意志和意大利等邦国的地位。

查理大帝以法兰克人国王的身份开启了他壮阔的人生。最终，他不仅成为皇帝，更以“欧洲之父”之名千古流芳。

如何

征服撒克逊人

使用查理大帝的战术粉碎你的异教徒敌人，并建立属于自己的宏伟帝国，萨克森，772—804

查理大帝通过一系列成功的军事行动扩张了他的帝国，其中最关键的就是征服萨克森。这位统治者认为他有责任在欧洲传播基督教，但撒克逊人越境袭击他的领土的行为使他十分愤怒。

坚定的撒克逊起义军领袖维杜金德多次率军做出抵抗，但查理大帝将其一一镇压。同时，他进行行政改革，将萨克森纳入法兰克帝国。他前后共花费了30多年时间才将此地完全掌控。

法兰克骑兵

查理大帝的骑兵速度快、技术高，手持长矛，在战场上可以迅速制服撒克逊人。

暴动的战士

当侵略军在一场激烈的战斗中占据优势时，撒克逊人使用暴动战术来抵抗法兰克人的占领。

相似的武器库

尽管查理大帝的军队受过更好的训练，但双方都携带类似的武器：长剑、圆盾和长矛。

陆战

为了不与英格兰的盎格鲁-撒克逊人发生混战，查理大帝侵略了生活在德意志西北部的大陆撒克逊人。

你需要什么……

基督教

军队

要塞
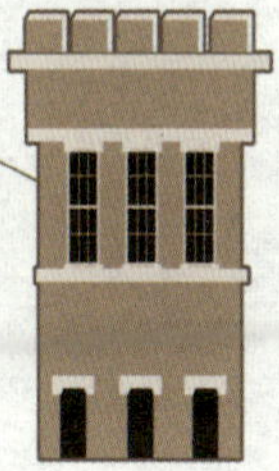

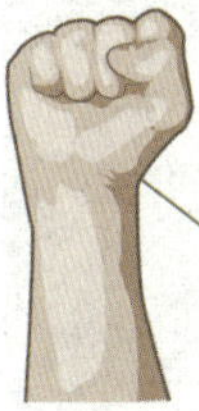
毅力

01 入侵萨克森领土

772 年 1 月，一支突击队越过边界，洗劫烧毁德文特的一座教堂，为了报复，你向萨克森进军。你需要召集尽可能多的军队，这样就可以迅速占领并征服安格里亚地区。将其掌控之后，你可以将它作为行动基地，同时你要继续进军至威悉河。

02 准备长线战争

虽然加洛林的军队在军事上更为强大，但撒克逊人不会轻易妥协——这场战役要耗时数年才能取得胜利。在征战过程中，你要在占领撒克逊人据点的同时建造自己的要塞，就像查理大帝在 772 年占领撒克逊人最大的避难城堡埃尔格斯堡后又建立卡尔施塔特那样。

03 皈依基督教

查理大帝坚持让撒克逊人皈依基督教。并在安格里亚摧毁了异教徒的圣树伊尔明苏尔 。他还经常强迫被击败的叛军领导人接受洗礼。在教会眼中，这种宗教使命有利于将其征服行为合法化。同时，引入的新信仰会进一步削弱撒克逊人的传统权力结构。

04 屠杀叛军

每当你认为成功地征服了撒克逊人时，他们都会再次群起反抗。查理大帝发现他必须以铁腕来镇压叛军。从 772 年劫持几个贵族人质到 785 年屠杀 4500 名叛军战俘，他以毫不留情的决绝证明自己征服此地的决心。

如何停止与撒克逊人的战争

查理大帝第一次与撒克逊人开战时只有 24 岁，但到战争结束时他已经 56 岁，此举开创了法国打持久战的风尚。

不得不提的是，查理大帝只是断断续续地展开战斗。他会穿越萨克森，击败各个部落，并在途中保护他们的领土，但他经常被其他冲突分散注意力，比如与伦巴第的战争。

他不在的时候，他留下堡垒来维持统治秩序，但是撒克逊人趁他离开的时候袭击他们。查理大帝随后被迫返回镇压起义，迫使撒克逊人再次屈服并皈依基督教，引发恶性循环。如果查理大帝可以专注于征服萨克森，也许战斗早就结束了。

著名的……
查理大帝的敌人

阿基坦人

公元769年，查理大帝囚禁了亨纳尔德二世，当时后者领导了一场起义，试图夺回曾经属于他父亲的阿基坦公国。

伦巴第人

查理大帝卷入了伦巴第国王德西德里厄斯和教皇之间的冲突。在随后的战争中，他于772年征服伦巴第。

安达卢西亚穆斯林

为了传播基督教，查理大帝于公元777年在西班牙发起对抗穆斯林的运动，但最终被迫撤退。

阿瓦尔人

为了保卫多瑙河沿岸帝国的边界，查理大帝于791年与阿瓦尔人爆发了一场血腥的战争，并取得了胜利。

05 收买酋长

当撒克逊人的领袖同意受洗时，大帝会赐予他们土地和头衔。这将促进彼此在经济上的联结，同时他们也会在当地充当强制执行者的角色。这对查理大帝来说是一个非常有效的手段，以至于撒克逊人最后一次起义——841—845年的斯特林加运动——主要是由撒克逊贵族镇压的。

06 加洛林尼亚和平

叛军要么身死，要么被驱逐出境，贵族在你的掌控之中，你终于可以松一口气了。为了巩固你的统治并将撒克逊人融入帝国，你开始翻修关于他们的法令。《撒克逊法》是一系列承认撒克逊人习俗的法律，同时它废除异教习俗，宣示教会的权利。

只拥有虔诚之心是远远不够的

PIETY IS NOT ENOUGH

778-840

把帝国分给雄心勃勃的儿子们时所遭遇的困难

他并不是兰斯大主教的最佳人选。兰斯主教是法兰克帝国中最重要的主教，必须为贵族出身，必须常伴国王和贵族左右。但埃博，这位公认的大主教，却是德意志农民出身。埃博的母亲是查理大帝之妻——希尔德加德孩子的乳母。当母亲喂养皇后的孩子路易的时候，他已经3岁了，小路易和埃博很快便成为朋友。

在路易的请求下，查理大帝解除埃博的奴籍，并承担了他的教育费用。对于一个出身非贵族的男孩来说，这意味着他可以自由出入教堂。这个农民之子最终被任命为兰斯大主教之前曾是一名神父，随后成为他儿时玩伴的图书管理员。最终的任命让人们大为震惊，人们不解这个职务为何落到一个出身如此卑微之人的身上。

路易对儿时的朋友十分忠诚友善。事实上，路易在他幼时玩伴还很年轻的时候就赋予他们神职，任命他们为奥尔良、都灵和里昂的大主教，并将教会改革的重任托付给他们。这些改革政策是路易父亲在统治末期对贵族和继承人提出的问题的回应，当时查理大帝虽然功绩斐然，但这些成就一击即溃。查理大帝也自知死期将近，他面对即将到来的死亡和审判时疑惑着：“我们真的是基督徒吗？”

这对他的儿子来说并不是一个易于回答的问题，路易也从没想到自己会成为查理大帝庞大帝国的唯一统治者。他父亲是出了名的子嗣繁盛，他有4个妻子，还有许多姬妾。查理大帝有20多个孩子，包括路易的两个兄弟小查理和丕平，路易本该与他们共享帝国，但他们都先父亲而去，此举给帝国带来了潜在的祸根。这就是问题所在。

年轻时，路易以父亲为榜样，在16岁之

◁ 因为只剩下一个婚生子，查理大帝通过加冕路易为共治皇帝来确保他的继承权

前就和妾室生了两个孩子。查理大帝让他那性欲旺盛的儿子和加洛林贵族的女儿埃芒加德成婚，那时路易只有16岁。这段婚姻使路易一改曾经的风流举止：他后来的孩子要么是与埃芒加德所生，要么是在818年她去世后与第二任妻子巴伐利亚的朱迪斯所生。

因此，当路易在814年父亲去世后发现自己是庞大帝国的唯一统治者时，他的第一项举措就是试图肯定地回答加洛林帝国是否信仰基督的问题。为此，路易驱逐了曾经在亚琛宫殿陪侍他父亲的妓女。除此之外，查理大帝原先不愿意将女儿们嫁出去，准许她们不出嫁但可自由地谈情说爱，路易则取消了这项特权，将他的姐妹们送往女修道院。但对于路易来说还有一个问题，那就是作为一个基督教皇帝究竟意味着什么。路易与他的父亲和祖父不同，他不想扩张已经十分广袤的领土，而更关心如何在自己的统治下将各民族团结起来。

跪着的国王

路易为侄子之死而忏悔

由于有许多领土要统治，路易将其中一些土地交给其他亲戚管理，尤其是他的侄子——意大利国王伯纳德。但在817年，路易编纂《授权诏令》明确他的帝国继承权，伯纳德意识到他将终生服从于路易的长子洛泰尔。尽管此举对他的现实统治来说并无多余影响，然而，一些谋士说服年仅20岁的伯纳德，成功地让他认为这是对其统治的严重威胁。伯纳德做了一些草率的计划来宣布独立，但还没来得及着手实施这些计划，路易就听说了伯纳德在密谋发起叛乱。路易当机立断，挥师南下。两军势均力敌，伯纳德试图议和，但路易将其抓住并对他进行审判。伯纳德被判处死刑，但路易将判决改为致盲。然而，伯纳德没能活多久，行刑者用一把加热过的刀刺入他的眼睛，两天后他便痛苦地死去。6个月后，路易的爱妻埃芒加德去世。路易因内心有愧而主动悔罪，为自己侄子的死做了公开的忏悔。

△“虔诚者”路易为伯纳德的死而公开忏悔

△ 路易把王国分给他的儿子们

在一系列的法律和议事会中，路易试图界定他的地位和臣民对他的义务。他勾勒出的愿景是具有革命性的：路易提出，自己是一个单一基督教民族的皇帝，而不是由不同文化背景和种族的人民构成的多个臣服民族的皇帝。这是一种以保罗教义为理论基础的统一，即教会是基督的身体，众圣徒都是身体上的肢体。路易的臣民原则上都是基督徒，但却是以部落和地方为单位效忠。为了维系他的帝国，路易需要他的臣民认同更广泛和更深层次的东西：基督教是将帝国凝聚在一起的文化和宗教黏合剂。

公元817年的一个星期四，路易与死神擦肩而过，这是促使《授权诏令》诞生的因素。路易和随行人员在大教堂举行仪式后回到亚琛的宫殿，当他们穿过一个连接宫殿和大教堂的木质廊道时，走廊突然坍塌，许多大臣死于这场意外。此时的路易39岁，他与埃芒加德所生之子还有3个存活于世，分别是22岁的洛泰尔、20岁的丕平和11岁的路易。洛泰尔和丕平已经到了可以帮助他们父亲管理帝国的年龄。因为这场意外，路易开始考虑皇位的继承问题：他打算制订一个计划，可以让儿子们在团结互助的同时富足一生。

迄今为止，法兰克人的习俗是将父亲的财产分给他的儿子们，但这样做显然会导致查理大帝和路易竭力维持的帝国解体。因此，为了保持帝国完整，路易宣布由他的长子洛泰尔继承他的大部分领土，同时任命丕平为阿基坦国王，任命年轻的路易为巴伐利亚国王（这使得他将被称为“日耳曼人”路易），弟弟们必须承认洛泰尔是他们的君主。

如果没有突如其来的死亡，这个计划可能是有效的。818年10月3日，厄运降临皇室家族，与路易相伴24年的埃芒加德皇后去世。社会舆论不允许皇帝没有妻子。仅仅过了一年多，路易再婚，选择巴伐利亚的朱迪斯为新娘，22岁的朱迪斯来自一个强大的德意志家庭。朝臣们为路易安排了一场相亲会，所有有资格的年轻女子都被介绍给她们的皇帝，因此路易很容易在这些女子中做出选择。那时的学者认为，皇帝看中了朱迪斯的美貌和智慧，而现代学者则将其归因于路易想要保护东部边境。当然，这两者并不矛盾，说不定路易将这两者都考虑其中了。

婚后，朱迪斯很快就开始履行新王后的首要职责：为皇室诞育子嗣。在生下一个女儿后，她又在823年6月13日生下一个儿子，史称“秃头”查理。这对皇室夫妇此后没有再生孩子了，但查理的出生以及夫妇俩养育他的决心，将动摇路易原先为王国所做的安排。

终于，到了830年，埃芒加德的儿子们和被朱迪斯及其家人取代的贵族们组成联盟，大肆煽动，要扫除所谓的毒妇带来的乌烟瘴气。洛泰尔、丕平和小路易联手，迫使路易退位，将朱迪斯投入监狱，但路易承诺留给丕平和小路易更多遗产，从而赢得了他们的支持。

3年后的叛乱更加严重。埃芒加德的3个儿子希望与他们的父亲当面对质，他们同意于833年6月30日在阿尔萨斯的科尔马与路易会面，该地后来被称为“谎言之地”。当路易到达时，他发现儿子们在教皇和他自己当政时的主要神职人员的支持下与他相对抗。

△ 原定的皇帝：路易的长子洛泰尔

△ 路易的法庭：这幅插图显示了神职人员在国王的审议中所起的关键作用

就连他儿时的朋友埃博也站在他儿子们那边。面对如此团结一致的反对，路易被迫退位，放弃皇冠，承认自己的过错，并终身为自己所犯下的罪行进行忏悔。事实证明，他所受的屈辱实在是太多了：他的儿子们争吵不休，各自的支持者发生冲突时，人们又开始转而支持被废黜的路易。834 年，路易重归皇位。

路易决心扶持他和朱迪斯的儿子查理。838 年，丕平去世，他在丕平有儿子且他们有权继承王位的情况下，任命查理为阿基坦的国王。长子洛泰尔并没有再次反抗他的父亲，他对可以统治意大利的领土感到十分满意。小路易则获得巴伐利亚的统治权。这导致帝国一分为二，分为东法兰克和西法兰克，随后又演变成法国和德意志。最终，统一法兰克帝国的想法随着路易决心扶持小儿子而破灭。

路易死于 840 年 6 月 20 日。在前半段统治生涯中，他一直试图将父亲和祖父建立的帝国保持统一状态，然而现在帝国却成了 3 年内战的牺牲品。

“洛泰尔、丕平和‘日耳曼人’路易设法迫使路易退位”

兄弟反目

路易的儿子们为控制帝国而争斗

840 年，路易去世，随后另一场内乱爆发。路易的长子、他计划中的皇位继承人洛泰尔宣布自己为新帝，声称对其兄弟“日耳曼人”路易和同父异母的弟弟“秃头”查理控制的土地拥有绝对的控制权。随后，洛泰尔推波助澜，鼓动已故兄弟的儿子丕平二世争夺“秃头”查理控制下的阿基坦的所有权。不出所料，洛泰尔的至亲们断然拒绝。841 年 6 月 25 日，他们的军队在丰特诺战役中相会。战斗以洛泰尔和丕平二世在大屠杀中被击败而告终。洛泰尔试图坚持战斗，但元气大伤。842 年 2 月 12 日，“日耳曼人”路易和“秃头”查理在斯特拉斯堡宣誓，进一步巩固他们的同盟关系，洛泰尔意识到必须与之达成协议。843 年 8 月的《凡尔登条约》将帝国划分为 3 个独立的王国：洛泰尔占领中法兰克，包括意大利王国、低地国家、普罗旺斯、勃艮第、阿尔萨斯和洛林；“日耳曼人”路易成为莱茵河以东土地东法兰克的国王；查理占领西法兰克（大致是现代法国）。现代欧洲地图逐步成型。

△《凡尔登条约》签订后加洛林帝国的分裂

十字军国王

Crusader Kings

奥托一世 26

“红胡子”腓特烈一世 36

英雄还是恶棍——腓特烈二世 46

奥托一世

OTTO I

912—973

奥托一世是如何成为德意志国王，并随后成为神圣罗马帝国皇帝的？

△ 教皇约翰十二世被一个复仇的丈夫扔了下楼。约翰 18 岁成为教皇，在此期间把他的宫殿变成了妓院

△ 奥托一世通过任命忠于他的人担任神职而获得了极大的个人权威

奥托一世，史称奥托大帝，是传统意义上的第一位神圣罗马帝国皇帝，尽管这个头衔在几个世纪后才首次正式使用。奥托一出生就是萨克森公爵的继承人，他先是成为德意志国王，然后是意大利国王，最后被教皇加冕为皇帝。他毕生的工作将为一个统治中欧政治数百年的制度奠定基础。

早在奥托诞生之前，他的父亲亨利就被其他德意志贵族选为国王。人们对奥托的童年知之甚少，但他很可能接受过贵族常规的战斗训练，并可能陪同父亲参加了在勃兰登堡与赫维利人等敌人的战斗。

奥托注定要举行一场国际皇室婚礼，以帮助他的父亲建立王朝。科维的维杜金德在《撒克逊人事迹》中记录了“国王亨利是如何将埃德蒙国王的女儿，即阿瑟尔斯坦的妹妹嫁给他的儿子奥托为妻的”。她就是英格兰的埃迪尤丝，她给奥托生下一个儿子，名叫鲁道夫，他的出生并没为他的父亲带来多少欢乐。然而，国王、外来统治者和被统治的贵族之间复杂的家庭关系网络并不能确保王国的安宁。

亨利死于公元 936 年。我们可以看到“当亨利意识到性命垂危时，他昭告天下，指定他的儿子奥托继任国王……给予其他儿子金银珍宝。然而，他任命最年长、最优秀的奥托为统治者，统领他的兄弟和所有法兰克人”。事实上，奥托并不是亨利的长子，坦克玛才是，但亨利和坦克玛母亲的婚姻因宗教原因而遭到无视。奥托在 24 岁时成为萨克森公爵和德意志国王，也称东法兰克国王。

在亚琛大教堂举行的奥托加冕典礼上，齐聚一堂的贵族们被要求宣誓效忠奥托（并非所有贵族都选择遵守这一承诺）。奥托穿着法兰克服装而非萨克森本地风格的服装，以此来进一步强调他从查理大帝那里得到的传承。在受膏后的宴会上，公爵们在新国王的餐桌上侍奉他，以示他们对国王权力的屈从。在奥托的新王国里，一切似乎都很平静。

不幸的是，对奥托来说，皇室与臣民之间的关系很快就变得紧张起来。德意志公爵们常常骚动不安。他的父亲在还是萨克森公爵时就发起了反抗德意志国王的运动，奥托最初试图建立一个更强大的君主国，但公爵、贵族甚至他自己的亲人都公开抗议。不是所有皇室成员都希望奥托登上皇位。事实上，为了保证和平过渡，奥托在加冕礼上把弟弟亨利交给梅泽堡伯爵齐格弗里德监护。不到一年后齐格弗里德去世，已故亨利国王的儿子坦克玛想成为他的继承人，所以当奥托选择另一个人接管这片土地时，坦克玛感到十分失望。他被奥托的一再漠视激怒了，所以当法兰克尼亚的埃伯哈德公爵提出和他结盟对抗奥托时，他不假思索地同意了。

他们俘虏了奥托的弟弟亨利，亨利也背叛奥托，加入了叛军阵营。他在历史上被称为“性急的”亨利，后来也自立为王。他敢于称王是因为这样一个事实：他“生于紫室”（当时，紫色是帝王专属的颜色），也就是说，他诞生于父亲成为国王之后，而奥托出生时他们的父亲仅仅是个公爵。

教会与国家

天主教会可能是一个强大的盟友，但奥托出于自己的考虑选择加强教会势力

从加冕的那一刻起，奥托就选择将自己与神力相结合。国王戴着一顶饰有 12 颗宝石的王冠，代表 12 个以色列部落，旁边还有《圣经》中国王和先知的肖像。新国王由亚琛大教堂的一位主教涂抹圣油，这意味着圣化（由上帝选中），因此可以超脱于世俗的评判。除了在象征意义上与教会结成联盟，奥托还试图通过任命圣职来加强自己的权力。

一帮躁动不安的公爵时刻准备造反，奥托的应对措施是“赋予主教权力”。主教和大主教职位不像贵族爵位那样是世袭的，所以每个新上任的宗教领袖都由奥托直接挑选。通过任命忠于自己的人为教会人员，他在避免正面挑战公爵权力的情况下巩固了自己的地位。951 年，皇家教堂不再对非国王以外的任何人负责，这使奥托得以将权力的触角伸至德意志各地。

教会不仅拥有至高无上的道德权威，还是当地最强大的经济集团之一。通过控制教会，奥托调动了前人们无法想象的资金和人力。皇室把土地作为礼物赠予教会，此举表面上来看是为了表现奥托的虔诚，实质上是为了巩固奥托的地位。

△ 这件象牙雕刻作品描绘了奥托一世向耶稣献上一座教堂，尽管他的捐赠并不完全是无私的

▽ 奥托稳固统治的一个政策基础就是对蔑视他的贵族宽大处理，他在留住他们性命的同时削弱他们的权力

这场叛乱的平定以对大多数贵族施以仁慈而结束，但坦克玛在教堂的圣坛旁边被杀死。原谅反叛贵族的同时又从不在对抗中心慈手软，是奥托对内政策的特点之一。

战士一般英勇的品质、高超的战略技巧，以及对赦免政策的谨慎运用，巩固了奥托在德意志的王位。在解决自己兄弟、各路贵族的叛乱并消除来自西法兰克的威胁后，奥托以他的父亲亨利永远无法做到的方式果断地统治着这个国家。尽管国王亨利力求平等地统治每位臣民，但他对权势显赫的公爵的管理往往是象征性的。当亨利把所有的权力都交给奥托时，奥托已经改变了行使王权的方式。以前，国王的所有儿子都会得到父亲统治的土地，但亨利把所有土地都交给了奥托，此举帮助奥托建立了一个统一的君主国，而奥托当然也不愿意大权旁落。

以前的国王赞同将官职和爵位通过血缘传承，而奥托把它们分配给那些股肱之臣。起初，这引发了一些问题，但是在他统治的最初几年里，随着一系列叛乱被平息，贵族们也逐渐明白他们唯一的出路就是向国王尽忠。

一直以来，联姻都可以将各邦国更紧密地联系在一起，但很少能起到结束争端的作用——事实上，有些联姻只会以冲突告终。奥托的妹妹格贝尔加成为法国国王路易四世的妻子，但这给奥托带来不少麻烦。路易四世早在奥托统治时期就参与叛乱，觊觎着从西法兰克转到东法兰克的洛林公国。由于格贝尔加是洛林公爵的遗孀，路易宣称公爵的领地归他所有。然而，奥托会用军事实力打消路易这一荒谬的念头。

其他外国势力也在考验奥托的统治能力。长期以来，波希米亚人每年都要向奥托的父亲上贡，但在奥托即位时却停止了。两国之间的小规模冲突和针锋相对的突袭持续了十多年，直到奥托俘虏波希米亚公爵的儿子并迫使其签订和平条约，这场战事才正式告一段落。两人后来联手对付起共同的敌人——马扎尔人。

952 年，奥托的儿子鲁道夫起兵谋反。两年的叛乱差点儿让奥托被废黜。人们不确定应该向谁效忠。在一次围攻中，“所有人都犹豫不决，因为他们夹在城墙外的国王和城墙内的继承人中间左右为难”，这情形就好像奥托已不再是国王了。

匈牙利马扎尔人或许救了奥托一命。他们总是骚扰国王附属国的东部地区，利用王国内战的混乱袭击各个公国。当鲁道夫会见马扎尔酋长，并送给他们“大量的金银礼物”时，国王抓住时机控诉他的儿子与宿敌法兰克人和撒克逊人媾和。许多贵族回归国王阵营。德意志贵族们召集议会处理其他事务的同时，让这对父子握手言和并见证和约生效。土地、公国和主教职位被重新分配给国王可以信任的人。最终的解决方案使国王拥有了空前巨大的个人权力。然而，马扎尔人并不满意。

无论是上帝的安排还是国王的安排，匈牙利人都战败了。“奥托第一个策马冲向敌人，履行了自己作为一名勇猛士兵的职责。”在莱希菲尔德战役之后的近一个世纪里，匈牙利人打消了入侵德意志领土的想法，同时，奥托第一次被他的军队称颂为皇帝。“国王因这场重大胜利而千古流芳，他的军队称他为祖

“奥托第一个策马冲向敌人，履行了自己作为一名勇猛士兵的职责”

△ 马扎尔人在莱希菲尔德被彻底歼灭

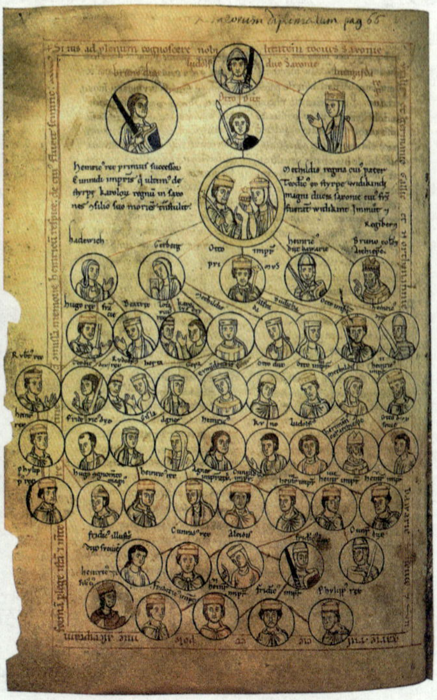

△ 奥托的后裔建立了奥托王朝，一直出任德意志国王直至 1024 年

国之父和皇帝。”

教皇长期以来一直把“罗马皇帝”的头衔授予政绩卓著的国王。虽然他们在查理大帝曾经统治的领地内没有权力，但一代代意大利国王获得了其治下土地名义上的最高统治者的头衔，被称为皇帝。

公元 951 年，奥托率领一支军队进入意大利，营救并娶了意大利国王寡居的女儿阿德莱德（她的第一任丈夫也曾是名义上的意大利国王），并将当时的国王贝伦加尔二世赶下王位。奥托头戴伦巴第铁冠加冕为意大利国王。在打败异教徒马扎尔人之后，国王选择加冕为王。

教皇与政治

给皇帝加冕是一回事，但和他一起工作是另一回事

约翰十二世是在 962 年加冕奥托为皇帝的教皇，他们一起制定了《奥托法令》，法令界定了教皇和皇帝之间的关系以及哪些土地受教皇所控制。然而不到一年，当皇帝还在消灭教皇的意大利敌人时，约翰十二世却选择与马扎尔人和拜占庭帝国密谋对抗奥托。

奥托返回罗马将约翰十二世赶走，随后他召开大公会议，希望选举出一位更顺从的教皇。当利奥八世被推选出来时，奥托认为这件事得到了圆满的解决。然而，罗马民众对这个结果并不认可，利奥被迫逃出城市，任由约翰被迎回圣彼得大教堂。约翰十二世去世后，罗马人选出本笃五世接过教皇之位。自己选中的教皇被如此对待，意大利人还犯上作乱，奥托被激怒了，于是从德意志返回意大利。

奥托的大军很快让此地恢复和平，本笃被和平废黜，利奥八世顺利回到梵蒂冈。约翰十三世是经皇帝批准当选的，但罗马民众并不喜欢约翰十三世且将他囚禁起来。因此，奥托再次被迫对罗马动武。为了保住自己的地位，约翰十三世宣布奥托是“教会的解放者和修复者”。

△ 教皇约翰十二世加冕奥托为皇帝，但他很快就与他所加冕的君主作对

“他用父爱般的仁慈统治着他的臣民”

奥托恢复了贝伦加尔的王位，但在 957 年他派儿子鲁道夫率领一支军队进入意大利，试图再次制服这个不听话的封臣。然而鲁道夫还没来得及完成任务就死了，奥托便失去了继承人，阿德莱德 2 岁大的儿子接替了这个位置。这个小继承人的名字也叫奥托，他是德意志人和意大利人的后裔。鲁道夫死后，贝伦加尔二世在维罗纳和教皇国附近的奥托领地发动进攻。教皇向德意志国王求援，他许诺将奥托加冕为皇帝，此举再次将奥托吸引到意大利。

他很快就把贝伦加尔二世赶出他占领的土地，并剥夺了其王位。在罗马的加冕典礼上，奥托被宣布为皇帝，教皇亲自为奥托和阿德莱德涂抹圣油。这一刻，德意志和意大利的土地都统一在一个人之下，他被授予皇帝的

◁ 奥托的王国十分难以驾驭。他不得不镇压公爵、姐妹和亲生儿子发起的叛乱

头衔。神圣罗马帝国开始登上历史舞台——尽管欧洲还没有完全意识到这一点。

奥托可以被视为第一位真正的神圣罗马帝国皇帝——他自然比之前的其他统治者能更大程度地把权力握在自己手中。所有的官职任命权和土地都由奥托一手掌控。他也不满足于仅仅是一个间接统治者。在莱希菲尔德战役之后，反叛的斯拉夫人渴望和平，他们希望在奥托的统治下保持自治，而非受他的直接控制。奥托拒绝了这一要求并将他们的土地割让给自己的忠实追随者。他沿边界建立了一些被称为马奇（March，由此产生了“侯爵”和“女侯爵”头衔）的缓冲区，而非建立可能对皇权造成冲击的公国，如此一来，德意志的权力便可向东延伸而不受限制。

在国王战胜匈牙利人和斯拉夫人之后，其他国家开始向奥托致敬，并将他作为受人尊敬的典范。“因此，他接待了许多来自罗马、希腊和阿拉伯地区的使者……所有基督徒的希望都寄托在他身上。”

973年，奥托去世。在统治的最后几年里，他疲于应对意大利人和教皇的政治对抗，不得不前往南方镇压几次叛乱。他的儿子小奥托被加冕为共治皇帝，并迎娶了一位拜占庭公主，所以当奥托一世驾崩后，权力平稳地过渡到下一代。奥托的帝国得以屹立不倒。

奥托一世深受臣民们的爱戴，为他们所铭记。“人们对他交口称誉，纪念他如慈父般治理国家、善待臣民，使他们免受敌人入侵之苦。他用武器征服了傲慢的敌人，即阿瓦尔人、撒拉逊人和丹麦人。他征服了意大利，摧毁了邻近民族的神殿。他建立了教会，确立了圣品（神职人员权力、职分的品级）。”没错，他就是奥托大帝。

▽ 一枚描绘奥托大帝的古硬币

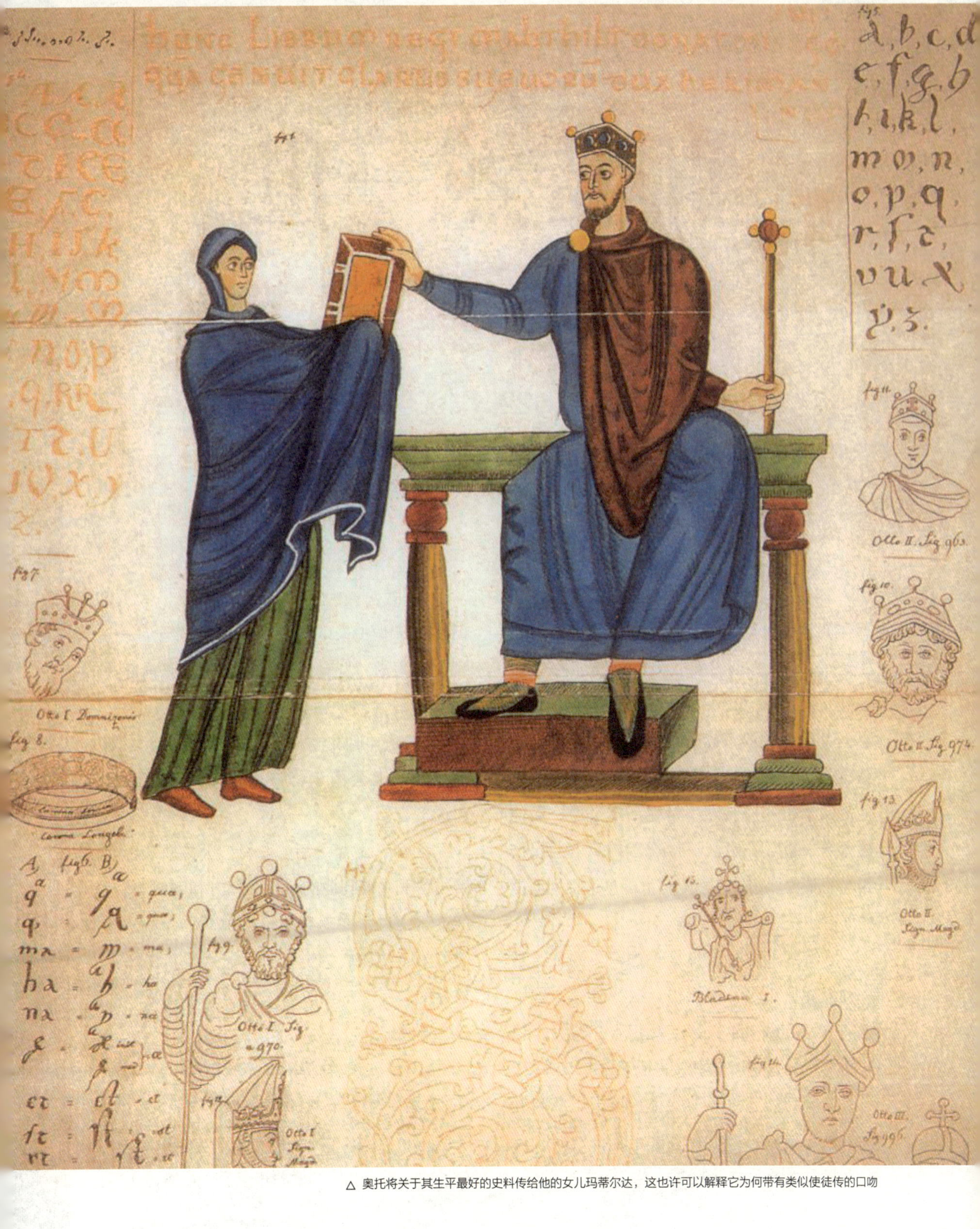

△ 奥托将关于其生平最好的史料传给他的女儿玛蒂尔达，这也许可以解释它为何带有类似使徒传的口吻

“红胡子”腓特烈一世

FREDERICK I BARBAROSSA

1122—1190

一位雄心勃勃的皇帝，他征服了世界，而且战无不胜

就整个家族而言，施瓦本的腓特烈的出生是一件令人振奋的事。未来的“红胡子”腓特烈一世（Frederick I Barbarossa）是德意志两个最强大的家族的后裔：他父亲所属的霍亨施陶芬家族和他母亲所属的韦尔夫家族。他的父亲也叫腓特烈，是施瓦本公爵，而他的母亲朱迪斯则是巴伐利亚公爵的女儿。此外，年轻的腓特烈还是神圣罗马帝国皇帝亨利五世的外甥孙。

腓特烈的显赫出身是一把双刃剑：这是一种诅咒，也是一种祝福。在德意志，霍亨施陶芬家族和韦尔夫家族互相争夺权力，视彼此为死敌，他们之间的冲突在1125年爆发，当时的腓特烈还只是个幼小的孩子。亨利五世去世时并没有留下婚生子，腓特烈的父亲作为其血缘关系最近的继承人十分渴望帝位，但他在选举中失败了。新任德意志国王——官方称其为“罗马人的国王”——是前萨克森公爵洛泰尔三世。腓特烈公爵心有不甘，最终与新国王发生冲突。新国王的亲家新任巴伐利亚公爵以洛泰尔之名向施瓦本发起攻击。

在争斗10年之后，腓特烈公爵屈从于洛泰尔国王并得到他的赦免。双方和解两年后，洛泰尔去世，在随后的选举中，腓特烈公爵的弟弟康拉德成为继任者，但这位新任“罗马人的国王”却面临着来自洛泰尔女婿和外孙的叛乱。

由于未来的腓特烈大帝（Frederick the Great）在连续不断的冲突中度过童年，所以他从小就对战争抱有兴趣。1146年12月，在听过克莱沃的伯纳德的布道后，他热切地想

要与他的叔叔康拉德一起宣誓参加“十字军东征”。

尽管父亲心存疑虑，腓特烈还是有序地为自己做好了安排。1147年年初，他迎娶福堡的阿德莱德为妻，这是康拉德为安抚一个可能反叛的贵族家庭而安排的一场王室联姻。同年4月，老腓特烈去世，腓特烈继承父亲的爵位，但这并没有阻止新任施瓦本公爵仅仅在7周后就带着他叔叔的2万十字军离开雷根斯堡。

年轻的公爵很快就树立了威信。当一个生病的十字军战士在拜占庭修道院疗养被抢劫杀害时，腓特烈被派去逮捕那些罪魁祸首。他冷酷果决地将修道院夷为平地。腓特烈向世人证明，他绝非池中之物。

路易七世统治下的法国十字军拟定了一条虽长但能更安全地通往安纳托利亚海岸周围圣地的路线，但康拉德还是选择径直穿过敌国领土，并在多利留姆战役中遭到塞尔柱突厥的伏击，节节败退。在撤退到尼西亚的过程中，因后防部队损失惨重，腓特烈临危受命向路易七世传达当前的战况。最终2000名战士组成的部队仅有1/10的士兵安全抵达目的地。

康拉德的军队在与法国人会合后，终于到达目的地。十字军在最后一刻决定，将进攻重点从埃德萨转移到最强大的伊斯兰城邦大马士革，在穆斯林增援部队抵达5天后，十字军被迫停止围城，守军展现出了与攻城者缠斗的足够实力。

节节败退之下，十字军元气大伤，不得不撤退。第二次“十字军东征”对欧洲人来说是一次不堪回首的巨大挫折，但腓特烈是为数不多名誉完好无损的领袖之一，也许是因为他年纪轻轻就在战场上大放异彩。几年后，康拉德三世临终时将皇室徽章交给侄子，他宣布，和自己6岁的儿子相比，腓特烈是更好的皇位继承人，虽然此番遗言的见证者只有两人，其中一个还是腓特烈本人。

腓特烈迫不及待地排兵布阵，并如期当选为新任“罗马人的国王”：康拉德的小儿子得到腓特烈刚刚腾出来的施瓦本公国。几天后，腓特烈就在亚琛举行加冕典礼，接受皇冠。他现在统治的王国散布着1600个城邦，以及由王公贵族统治的公国，内部纷争不断。一些公爵手掌大权，如施瓦本公爵、萨克森公爵和巴伐利亚公爵。其他的小国则无足轻重，在地图上几乎找不到。

几十年来，城邦之间的争斗一直困扰着德意志，因此腓特烈试图让它们为一个共同事业而奋斗：重塑德意志在意大利的影响力，

《查士丁尼法典》

腓特烈用一部古老的罗马律例来对抗教皇的权力

腓特烈不仅仅是一位伟大的指挥官，还是一位精明的政治家。腓特烈意识到神圣罗马帝国和教皇之间的关系自叙任权斗争以来就被扭曲了，当时皇帝任命主教和教皇的权利受到限制，因此他试图通过一部拥有600年历史的法典来制衡教皇的权力。

《查士丁尼法典》是东罗马帝国皇帝查士丁尼一世下令制定的，但在正教会和天主教会之间发生东西方教会大分裂之后，它便遗失了。然而，11世纪后半叶，学者们重新发现了该法典，腓特烈将其视为管理阿尔卑斯山脉两侧王国的道德及非宗教框架。

腓特烈也意识到，通过采用旧罗马法典，他将自己的统治与古罗马皇帝的统治合理地联系起来。这是一次别有深意的尝试，旨在提升腓特烈统治权的合法性，并弱化教皇的作用。在腓特烈的心中，他的神圣罗马帝国嫡传于旧罗马帝国，而不是教皇的采邑。即使是圣彼得的继承人也无法限制他的野心。

△ 为了制衡教皇，腓特烈求助于一位在君士坦丁堡统治的正教圣徒

“10年来，许多教皇一直致力于重新获得控制权，直到腓特烈的军队到达并以武力占领这座城市”

自查理大帝和奥托大帝统治的光辉岁月之后，这种影响力所剩无几。在《康斯坦丁条约》中，腓特烈向教皇尤金三世提出外交建议。在条约中，腓特烈保证自己将保卫教皇不受他的敌人，特别是西西里诺曼王国的伤害，并恢复教皇在罗马城中的地位。

现在，带着圣父的祝福和向南进军的借口，腓特烈和他的军队于1154年10月离开了。首先他接受了米兰的投降，然后包围了托尔托纳2个月：这个顽固的城市遭遇了被彻底摧毁的噩运。在帕维亚，他获得伦巴第铁冠，被加冕为意大利国王，也称“罗马人的国王”。但这还不够。再向南进军，博洛尼亚和托斯卡纳沦陷，随后腓特烈将目光投向罗马。罗马教皇的军队在修士布雷西亚的阿诺德领导下建立罗马公社。10年来，许多教皇一直致力于重新获得控制权，直到腓特烈的军队到达并以武力占领这座城市，然后把阿诺德当作叛徒绞死。尤金三世在这座城市被重新夺回之前就去世了，罗马落入新任阿德里安四世之手。阿德里安四世在圣彼得大教堂将腓特烈加冕为神圣罗马帝国皇帝。

腓特烈在被任命为施瓦本公爵后的几年里获得大量头衔，但他也从敌人那里收获了一些称谓。被征服的意大利人称他为巴巴罗萨（“红胡子”），他们憎恨来自北方的控制，寻求一切机会逃避贡赋。腓特烈的加冕礼是在罗马民众的不满中举行的，因为他们已经习惯在共和主义者统治下拥有一定程度的自由。不久后暴乱爆发，腓特烈派军队镇压，致使1000名本地人死亡。就连刚为腓特烈加冕的教皇也对他存有怀疑。因为腓特烈拒绝扶住教皇的马镫，且教皇拒绝给腓特烈一个和平之吻，这场小小的外交纠纷将加冕典礼推迟了一天。这些仪式看似微不足道，却是教皇和皇帝之间紧张关系的一个信号，这种紧张关系未来会再次出现并点燃争斗。

此外，德意志贵族趁腓特烈不在国内时提高自己的地位。腓特烈推迟了他对西西里王国的进攻计划，回到北方去对付争吵不休的公爵们。他把巴伐利亚和萨克森统一在他的表弟“狮子”亨利的手下，确保这两个强大的公国都在自己家族的控制之下，他还通过让前巴伐利亚公爵成为奥地利第一公爵来补偿他。腓特烈还娶了12岁的勃艮第女伯爵比阿特丽斯，因此他又增加一个新的头衔，并宣布自己是罗马世界的唯一皇帝，不再承认君士坦丁堡的曼努埃尔一世是罗马权威的合法继承人。

教皇阿德里安与西西里国王威廉一世和解后，腓特烈又将目光转回在意大利未竟的事业。根据和平协议，威廉获得一些领土，但腓特烈认为这是他自己的领土，所以强烈反对把神圣罗马帝国当作教皇采邑的观念。

▽ 科尼亚战役是这位年迈皇帝的最后一次伟大胜利，他将在一个月内死去

△ 莱尼亚诺战役中，伦巴第联盟出人意料地败北，腓特烈的许多士兵担心他已经死于肉搏战了

1158 年、1163 年、1166 年和 1174 年，一系列意大利战役接踵而至，腓特烈一再试图将自己的意志强加给圣彼得的继任者。

阿德里安四世于 1159 年去世，教皇的政治阴谋导致先后选出来两个敌对的教皇——亚历山大三世和维克多四世。两个教皇都向腓特烈寻求支持，但当亚历山大拒绝接受召唤，在身在帕维亚的皇帝面前现身，于是腓特烈指定维克多四世为新的教皇。亚历山大的回应是将腓特烈逐出教会，转而与西西里的威廉结盟。

尽管腓特烈两次镇压了意大利北部城市的叛乱，并暂时夺回罗马，但他仍然无法在南部对抗西西里王国方面取得任何进展，同时他不断遭到教皇亚历山大的敌视，这位教皇安全地居住在意大利境外，不受腓特烈的控制。

现在，腓特烈面前有个棘手的问题：他所选的罗马主教候选人去世。虽然亚历山大三世得到法国、英格兰、西西里岛、十字军国家和其他一些王国的支持，但腓特烈的爱将们却在不断死去，他们的继任者需要从头开始树立威望。1164 年，维克多四世在卢卡去世，他的继任者敌对教皇帕斯卡三世于 1167 年在圣彼得大教堂登上教皇宝座，一年后死于癌症。

△ 据传，“红胡子”没有死，而是睡在山洞里，直到他被召唤带领德意志再次走向伟大

尽管腓特烈的第五次意大利战役以耻辱的失败而告终，致使很多人质疑他的决策，卡利克特斯三世还是被腓特烈选为新任教皇。当亚历山德里亚城在德意志军队的长期围攻中苟延残喘时，他放慢了入侵的速度。传说有一个聪明的农民用城里最后的粮食喂饱一头牛，然后把它送给腓特烈。当皇帝意识到这头牛是用珍贵的口粮喂养时，他判断城市里一定有充足的粮食储备，从而解除了围攻。

亚历山德里亚围攻的结束令人惊讶，但随后发生的事情更令人震惊。在莱格亚诺战役中，腓特烈的军队被意大利北部伦巴第联盟的军队全面击败。这位 54 岁的皇帝也投入到战斗之中，但在他的战马受伤后，他摔倒在地；当旗手被杀时，他的军旗也随之倒下。

腓特烈逃过了一劫，但他征服意大利的希望破灭了，和平谈判开始。腓特烈放弃卡利克特斯三世，承认亚历山大三世是真正的教皇。1177年的《威尼斯和约》正式调和了两者之间的关系：腓特烈在亚历山大面前谦卑认错，承认亚历山大对教皇国的统治权，作为回报，亚历山大取消了将腓特烈逐出教会的惩罚。他随后与伦巴第联盟达成和平，意大利北部城市接受帝国统治，但腓特烈会给予他们一定程度的自由。

意大利再次恢复和平之后，年迈的皇帝回到德意志，面对着明争暗斗的贵族们。“狮子”亨利的势力越来越强大，他拒绝支持腓特烈近期入侵意大利的计划，所以腓特烈找了一个借口剥夺他的土地。在一次短暂的冲突之后，亨利被流放到英格兰，为期3年，虽然最终被赦免回到故土，但还是身份大大降低，只能担任不伦瑞克公爵。

1188年，神圣罗马帝国皇帝60多岁了，但他仍然乐于迎战新的敌人。由于听到萨拉丁攻占耶路撒冷的消息后忍无可忍，腓特烈决定在有生之年第二次参与圣战，与“狮心王”理查和腓力·奥古斯都一起参加第三次“十字军东征”。

1190年，腓特烈在萨利夫河上骑马时，被马甩入冰冷的河水中。关于腓特烈之死，后世也有不同的说法，但为人所认可的说法是，寒冷的激流导致腓特烈心脏病发作，之后他被沉重的盔甲拖入河底。

腓特烈死于安纳托利亚，但他看到了科尼亚战役的胜利：朗姆苏丹被击溃，首都惨遭劫掠。腓特烈在军事战役中牺牲十分符合他的人物性格。他的生命因“十字军东征”而画上句号，在这期间的几十年里，他把一个内乱不断的德意志团结在一起，对意大利城邦和教皇发起无休止的战役。神圣罗马帝国的统治者中很少有人能拥有这样的战场实力、野心、决心和长寿。

格克苏河之殇

这位年迈的战士
绝不可能平静地死去

在科尼亚战役最后一次大获全胜后不到一个月内，腓特烈一世去世。他并没有在战火中死去，也没有在晚年平静地离去，而是在安纳托利亚的西里夫克城堡附近穿越萨利夫河（现在的格克苏河）时淹死了。据一些史料记载，他的战马在水流中绊了一跤，皇帝被身上的重甲拖入水中。也有一些说法认为，他因在冷水中洗澡后心脏病发作而亡。

腓特烈的军队不想把他们的领袖埋葬在敌人的领土上，于是用德意志惯用的方法保存他的尸体。这些遗骸与德军一起返程，军士们希望能将国王埋葬在耶路撒冷，但用醋保存软组织的尝试失败了。他们将大帝腐烂的肉葬在安条克，将尸骨葬在提尔大教堂，心脏和内脏葬在塔尔苏斯。

腓特烈在他漫长的一生中可能曾面对过许多对手，但终究没有战胜一条湍急的河流。

△ 腓特烈的死因众说纷纭，但他的死对第三次“十字军东征”来说是一个打击

△ 腓特烈并不羞于采取阴险的策略去击败意大利城邦，比如把囚犯绑到攻城塔上

英雄还是恶棍 腓特烈二世

神圣罗马帝国皇帝以虐待实验而闻名，但这种先于时代的好奇心是否被教皇的宣传错误地诋毁了？

13 世纪的神圣罗马帝国皇帝腓特烈二世（Frederick Ⅱ）是他那个时代最具争议的统治者之一，他以雄心勃勃而闻名，绰号为“世界奇迹”（stupor mundi），意思是“让世界为之震惊”。然而，他一生中却在不断与教会发生冲突，最终他因无视教皇的意见而 4 次被逐出教会。腓特烈因对科学的迷恋而闻名，他在追求知识的过程中所付出的努力吸引并震撼了同时代的人。

与这位统治者有关的一个更阴暗的故事是当时的意大利修士帕尔马的萨利本讲述的。萨利本于 1238 年加入方济各会，并创作了几部作品，其中最重要的是《腓特烈二世皇帝的十二大灾难》。其目的是强调腓特烈的人格缺陷和道德崩坏的本性，包括他对基督教的不虔诚和对罗马教会的漠不关心。书内描述了各种各样的例子，旨在说明皇帝的邪恶程度之深。他认为，腓特烈犯下的最可怕的罪行之一就是他做了一系列残忍的人体实验。

决定性时刻

教皇的监护

腓特烈的父母在他 3 岁之前就去世了。他的父亲亨利六世皇帝无法为他筹谋到德意志王位，于是他的母亲设计让他成为西西里国王，他被教皇英诺森三世抚养长大。早早失去双亲和孤寂的童年无疑影响了他的成长，这也许是他在晚年变得暴躁残忍的原因吧。

1198年5月

据萨利本说，皇帝曾把一个不幸的俘虏封在木桶里，不给他食物和水，直到他

决定性时刻

巩固政权

14 岁时，腓特烈掌控了西西里王国。随后，他继续击败他的对手海因里希·拉斯佩以争夺德意志王位。1220 年，当他 25 岁时，他在梵蒂冈的圣彼得大教堂加冕为神圣罗马帝国皇帝。作为一个统治者，他增强了帝国实力：扩大港口，将贸易置于国家掌控之下；建立一支训练有素的公务员队伍，以提高统治效率。

1220年11月

△ 腓特烈二世多次与教会发生冲突，与教皇格雷戈里九世矛盾尤其深

△ 腓特烈结过 3 次婚。1235 年 7 月，他在新占领的德意志城市沃尔姆斯与英格兰的伊莎贝拉结婚

痛苦地死去。当这个人快要死的时候，皇帝会在桶上钻一个洞来测试是否可以看到灵魂离体的过程。

帕尔马托钵僧声称，腓特烈二世下令给两名囚犯提供完全相同的晚餐。吃完后，其中一个被派出去打猎，而另一个则上床睡觉。他们不知道的是，皇帝打算调查运动和睡眠对消化过程的不同影响。这是以一种最残酷的方式实现的——在这些人完成指令后的几个小时内，他将二人杀死并取出内脏，检查并比较他们的胃内容物。

也许在帕尔马托钵僧叙述的所有实验中，最令人不安的就是腓特烈用婴儿做测试。为了确定在亚当和夏娃伊甸园里使用的是何种语言，他把一群婴儿交给护士照顾。护士们受到严格的指示，非必要情况下不能与他们互动。他们可以给婴儿喂食洗澡，但次数不能过多，也不能和他们说话。

不幸的是，腓特烈从来没有得到这些问题的答案。孩子们因缺乏爱、温暖和基本的互动而死去。

哪怕帕尔马的萨利本的记录中有一丁点是真实的话，那么他塑造的皇帝形象是令人毛骨悚然的。但是，有什么证据证明这耸人听闻的说法呢？对于腓特烈来说有一点自始至终都十分明确，那就是他对所有生物问题都抱有强烈的，甚至是无法抗拒的兴趣。他在王国各地建立了几处动物保护区，其中最令人印象深刻的是由他自己出资维护的各种水鸟栖息地。腓特烈还养了许多动物，包括狮子和大象，他喜欢带它们去旅行。

也有一些著名的资料来源，包括腓特烈自己的著作，记录了他做的实验，这些资料的性质比帕尔马的萨利本记录的要可信一

决定性时刻

耶路撒冷的国王

因拒绝参加“十字军东征”而被逐出教会后，腓特烈起航前往圣地。然而，他没有发起进攻，而是与埃及苏丹卡米尔谈判，借此将耶路撒冷、伯利恒和拿撒勒收入囊中。他在圣墓教堂加冕为王。这场不流血的胜利给其他欧洲国王留下了深刻的印象，但教皇格雷戈里九世却不那么高兴。

1228年6月

△ 1215 年，腓特烈亲自在查理大帝的金银神龛上描绘“世界奇迹”

“哪怕帕尔马的萨利本的记录中有一丁点是真实的话，那么他塑造的皇帝形象是令人毛骨悚然的”

些。其中的实验之一就是确定鱼类的寿命。

在鱼被放归湖中之前，他在其鳃内放置一枚铜环。据传，同一条鱼在 1497 年被重新发现，铜环仍在原处，可通过一句希腊铭文识别：“我就是腓特烈二世在 1230 年 10 月 5 日亲手放在湖里的那条鱼。”不管这是否真实，但这是腓特烈好奇心旺盛的又一例证。

腓特烈对猎鹰也非常感兴趣，并出版了一本关于它们的书。这不仅是第一本同类型的书，还提供了更多的证据来证明皇帝的好奇心，概述他为满足对鸟类天性和习性的好奇心而做的各种实验。

乍一看，腓特烈生性热爱科学，这似乎可以用来论证萨利本的记录真实可靠。然而，这名修士有充分的理由对皇帝抱有偏见，这可能是因为萨利本的个人观点在某种程度上影响了他对腓特烈的描述。在一个宗教信仰被视为理所当然并被视为统治者命运一部分的时代，腓特烈在宗教问题上自诩怀疑论者，这一点令他周围的人深感震惊。

尽管在教皇的监护下长大，腓特烈似乎并没有生出宗教观念。腓特烈一生都被指控亵渎神明且持有异端思想。腓特烈公然无视教会，也不在意教会对他施加的制裁，据说腓特烈称摩西、穆罕默德甚至耶稣都是骗子。帕尔马的萨利本是上帝和教皇的坚定支持者，他认为这些实验足以证明腓特烈是一个危险的人，人们需要阻止他的这些行为。

另一个质疑帕尔马的萨利本叙述可靠性的论点是，这位修士从未真正见过腓特烈。他只在访问帕尔马时瞥见过皇帝，他与腓特烈没有任何关系，因此他的记述很可能是基

△ 众所周知，腓特烈富丽堂皇的帕尔梅罗宫廷不仅是一群舞者的后宫，更是异国动物和外国圣贤的展园

于二手资料或纯粹是杜撰的。但这位修士并不是唯一一个以厌恶的眼光看待腓特烈的人——教皇格雷戈里九世称他为反基督者的祖先，诗人但丁也将他打入第六狱，这是关押异教徒的地狱。

还有更多例子证明腓特烈的实验是真正发生过的。有人断言，腓特烈所谓的实验之所以令人厌恶，正是因为它们都是真实的——它们是如此可怕和不同寻常，因此其中的细节不太可能是捏造的。至少就语言实验而言，腓特烈并不是唯一一个据说对这一领域感兴趣的统治者。埃及法老普萨美提克一世在公元前 6 世纪也做过类似的实验，苏格兰国王詹姆士四世在 14 世纪末也做过同样的事。

那么，皇帝真的是别人口中的怪物吗？即使帕尔马的萨利本对他有许多公开指责，但这依旧不能否认腓特烈自身的闪光点：他迷人聪慧、彬彬有礼且勤勉治国。1224 年，腓特烈创建了那不勒斯大学——为纪念其创始人，该大学现更名为那不勒斯腓特烈二世大学——他全力支持境内的艺术和文化发展。除此之外，腓特烈还在军队中提倡良好的卫生习惯，主要包括安全地进行诸如放血等治疗、坚持健康的饮食和定期洗澡等。

尽管人们质疑他缺乏信仰，但这同时也意味着腓特烈比其他人宽容得多。例如，他不仅在有机会的情况下拒绝屠杀穆斯林，还把他们并入自己的武装部队甚至是他的私人护卫队之中。皇帝同样利用西西里岛的犹太人（其中许多人是从其他地方被驱逐至此的）翻译阿拉伯文和希腊文著作，确立西西里岛是东方著作的保存地及其传播到西欧的推动力的地位。

腓特烈死后，他的一些追随者相信这位皇帝会再次复活。他的石棺实际上安放于巴勒莫大教堂，但 13 世纪的传说认为埃特纳山才是皇帝最后的安息地。这个故事与亚瑟王传说有着惊人的相似之处，故事中提到，腓特烈只是睡在山上，他会在合适的时机重返这个世界。

腓特烈的一生都充满争议，直到今天，在他的出生地耶西的广场上，他的雕像仍旧是人们争议的焦点。他究竟是可怕的暴君还是开明的现代人？腓特烈实验的真相永远不会为人所知，传说背后的皇帝真面目也永远不会浮出水面。

决定性的时刻

与教皇相抗衡

腓特烈对异端观点的开放态度和无情的扩张领土之举，使他与担心教皇国被包围的教皇格雷戈里九世发生冲突。1239 年，教皇再次驱逐腓特烈，但这只会让二人的关系雪上加霜。皇帝入侵伦巴第，把翁布里亚烧成灰烬，但他没有攻击罗马，因为格雷戈里去世了。

1239年3月

英雄还是恶棍？

英雄 6

他有超乎那个时代的好奇心，我们有一手资料的少数腓特烈的实验远没有人们所说的那么残酷。

恶棍 7

抛开传说中的实验不谈，腓特烈效仿古罗马皇帝，以残酷的刑罚和专制统治著称。

遗产 6

他的皇家血脉在他死后很快断绝了，但他的名字在他创办的意大利大学以及更荒谬的传说中流传了下来。

HVLDRYCHVS ZVINGLIVS,
VM PATRIÆ QVÆRO PER DOGMATA SANCTA SALV
INGRATO PATRIÆ CÆSVS AB ENSE CADO

TATIS
SVÆ·XLIX

宗教改革和文艺复兴

Reformation & Renaissance

欧洲文艺复兴 54

宗教改革时间线 60

如何在宗教改革中生存 66

如何制作宗教改革小册子 70

德意志农民战争 74

△《基督背负十字架》是施恩告尔视觉呈现最繁复的版画

欧洲文艺复兴

THE RENAISSANCE IN EUROPE

1300—1600

3 个世纪以来，随着欧洲重新发掘其文化遗产，
神圣罗马帝国成为新艺术、文学和建筑大量涌现的源头

当效仿多纳托·布拉曼特风格的设计师们在罗马、米兰、佛罗伦萨和其他意大利城市设计新古典主义教堂和公共建筑时，哥特式风格在“高哥特时期”走向顶峰。遍布北欧的宏伟优雅的大教堂、修道院和教区教堂，大多数是在建工程，都是几代工匠大师的作品，而不是个别依循既有风格的建筑师的作品。在 1100—1550 年间，这些建筑为满足新的需求，在新思想的影响下拔地而起。

在英格兰，哥特式建筑的潜质最终在垂

△《基督背负十字架》是施
恩告尔视觉呈现最繁复的版画
耶罗尼米斯·博斯的《干草车
三联画》（1516）很好地传
达出弥漫在北欧大部分地区的
怀疑、焦虑和不祥的情绪

“到1500年，印刷作坊遍布整个欧洲的270个城市”

直风格中展现得淋漓尽致。大宗羊毛贸易中不断积累的财富使得新教堂和礼拜堂的修建有了充分的经济基础。1450—1550年间，一些教会建筑在构思时就奠定了完整、统一的艺术风格。窗户变得更宽，玻璃几乎奇迹般被细长的石柱支撑着。现在，这些柱子的周长变小，就像高耸入云的松树，枝叶亭亭如盖。这个比喻很贴切，因为这些杰作正是从仍覆盖着国内大部分地区的森林中获得了灵感。

这种从大气到精巧的转变同样出现在普通手抄本向泥金手抄饰本的演变中。诗篇和时祷书（包括祷文、福音书章节、赞美诗和其他辅助性的祷告资料）的包边精心地饰以鲜花和缠绕的叶子图案，熠熠生辉，鲜艳夺目。

文艺复兴时期最具革命性的创新始于德意志莱茵兰的美因茨。当时，约翰内斯·谷登堡（Johannes Gutenberg）于1439年开始生产印刷单页。廉价的、大量生产的书籍使得学者之间的思想交流变得便捷。这也迅速催生了随文的木版印刷图片或独立出现在书内的插图。到了1500年，印刷作坊遍布欧洲的270个城市，它们彻底改变了人们的思维方式。有些书是对欧洲文化和制度的高度颠覆。斯特拉斯堡的塞巴斯蒂安·布兰特（Sebastian Brant，1457—1521）在他的《愚人之船》中嘲弄时下制度，荷兰人德西德里厄斯·伊拉斯谟（1466—1536）是当时最著名的人文主义学者，他也紧随其后出版了《愚人颂》。两本书都很畅销。他们被耶罗尼米斯·博斯（1460—1516）的《干草车三联画》所吸引，画中描绘了各种各样的人推着马车走向不可避免的厄运。这些思想为宗教改革铺平了道路。

早期的木版和铜版版画大师中有一位是阿尔萨斯科尔马的马丁·施恩告尔（Martin Schongauer，约1445—1491）。米开朗琪罗是他的众多崇拜者之一。当我们看到他的《基督背负十字架》之时就不难知道原因了。在27.9厘米×42.2厘米的空间里，他安排了50多个人物，每个人物都有自己独特的作用。然而，

△ 老卢卡斯·克拉纳赫所绘的《马丁·路德肖像》（1520）。这位艺术家很好地捕捉到马丁·路德改变欧洲历史的钢铁般的决心

△ 卢卡斯·凡·莱登所绘的《倒牛奶的女仆》是早期风俗画的例子。日常生活描写成为北方艺术的一个重要分支

这一页并没有挤满男人、女人、孩子和动物。这位艺术家创造出一种运动的错觉，而基督仍然是构图的中心。

文艺复兴时期最伟大的印刷师是阿尔布雷希特·丢勒（1471—1528）。他震撼人心的《启示录中的四骑士》（1498）尤为著名，后来的作品体现出他对复杂的绘画工具的掌控日渐娴熟。在只有一组雕刻刀（雕刻师的切割工具）的情况下，挑战是相当大的：如何显示各种纹理，显示错落的光影，勾勒出人和动物身体的轮廓，等等。他使用多种工具和材料，如笔墨、水彩、油料以及雕刻刀进行创作，他的惊世之作内容涵盖宗教故事、肖像、动物研究、神话和风景。事实上，他是第一个将风景作为主题而非描绘宗教事件的背景来看待的人之一。

丢勒的家乡纽伦堡与威尼斯共和国有着密切的联系。这两座城市之间的公路是连接南北的主要商业纽带。16世纪早期，丢勒两次访问威尼斯，并在那里执行任务。他与一些长期保持通信往来的意大利大师见面并向他们学习。他受曼特尼亚和拉斐尔的影响（他们最终在《雅典学派》等作品中解决了透视问题）最深。但学习过程并不是单向的：丢勒同时也得到阿尔卑斯山脉以南的同辈人的广泛尊重和效仿。

为了融入国际艺术界，丢勒在1520—1521年待在尼德兰。正如威尼斯对于地中海和东方的商业极其重要一样，安特卫普对于与英格兰的跨海峡贸易，以及由西班牙和葡萄牙海员正在开辟的大西洋新航线来说也十分关键。在这里，不断壮大的中产阶级中不乏热切的资助者，而丢勒远非唯一一位被吸引到这里的外国艺术家，还有安特卫普、布鲁日、布鲁塞尔和其他城市的艺术团体中的几名意大利人。商业和艺术网络的存在确保了新思想的共享。1506年，一位佛兰德斯羊毛商人在访问佛罗伦萨时看到米开朗琪罗最新版本的《圣母与圣婴》后将其买下，并把它运回布鲁日当地的教堂。

> “商业和艺术网络确保了思想的共享”

另一位从事与丢勒相同职业的德意志艺术家是小汉斯·霍尔拜因（1497—1543）。他的家在欧洲的金融中心奥格斯堡，此地由银行业的富格尔家族和韦尔泽家族控制。汉斯出生于一个艺术之家，他和哥哥在父亲的工作室里长大，受委托创作祭坛画，设计珠宝、商业招牌，以及装饰房屋门面等。1516年，破产迫使家族迁往巴塞尔。在这个开明的自由城市，对于比父亲更有才华的小汉斯来说，这里的氛围对他的进步大有裨益。伊拉斯谟在那里安家，虽然他仅仅是聚集在巴塞尔的众多学者和艺术家中的一员，但他们正悄然改变着时代。

1517年，在遥远的萨克森，一位名叫马丁·路德的修士向天主教教义发起挑战，这就是宗教改革的开端。那时的小汉斯是一个年轻人，他展现出的天赋很快让他接到各种各样的委托。但市场风向变得很快。随着新教的传播，更激进的新教拥护者宣称宗教艺术是偶像崇拜。巴塞尔便是被他们控制的城市之一。这明显抑制了人们对宗教作品的需

求，因此霍尔拜因不得不到更远地方寻找赞助者。在伊拉斯谟的帮助下，他写了一封推荐信给他的朋友托马斯·莫尔，霍尔拜因在1526年来到了英格兰。他在那里度过了余生的大部分时间，成为亨利八世的官方画师，并创作了一系列广为人知的国王及其宫廷成员的精美肖像画。

改革对艺术的影响是双重的。随着天主教国家和新教国家之间的冲突日益加剧，艺术成了一种宣传工具。霍尔拜因是唯一一个在政府要求下绘画讽刺教皇并为白话《圣经》插图的艺术家。在德意志，卢卡斯·克兰纳赫（1472—1553）用《律法与福音》等作品将新神学理论融入绘画中，试图抵消几个世纪以来旧教会使用的意象，进而将路德教教义植入信徒心中。

此举带来的另一个结果是教会与世俗的分离，而肖像、风景、静物和风俗（日常生活中的场景）等题材也得以发展。

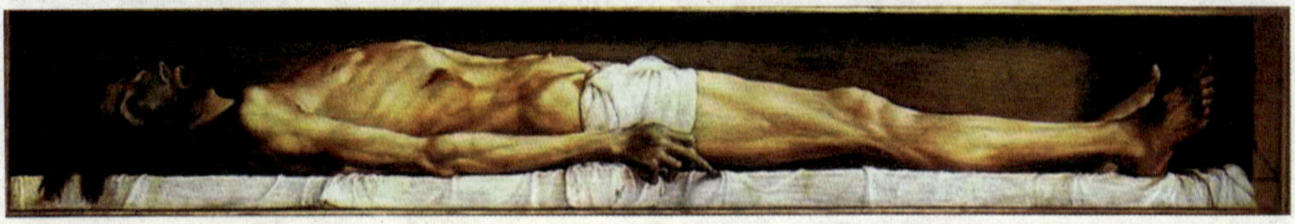

小汉斯·霍尔拜因：《死去的基督》（1520—1522）

这是文艺复兴时期最直接、最有力的现实主义画作。传统上，对耶稣受难后场景的描绘都致力于传达不同的信息。当画家应教会委托人的要求，描绘基督“从十字架上下来”或“安葬”的场景时，他们需要描绘出心急如焚的门徒和虔诚照看他遗体的母亲。他们要让观看者认同基督的最初追随者，即教会的最初成员。他们希望观众能做出适当的反应。霍尔拜因可不会这么做。他呈现了一个严酷的现实并让观众自由发表感想。他问了一个问题：耶稣受难日和复活节之间发生了什么？答案是死亡。躺在棺材形状的空间里的那个人可能是任何人。遗体可能在偶然的情况下被人从莱茵河拖出来。也许这偶然给了霍尔拜因研究的机会。也许他在解剖学校找到了他的模特。这个信息简单而深刻：这个神人死了。这突出了基督完满的人性，使复活更为引人注目。在这里，霍尔拜因证明了自己是文艺复兴和新兴宗教改革中的一分子，一个将宗教事件从中世纪的图像转向现实世界的人。另一方面，他强调了没有被日益累积的理论所修饰的、浅显的《圣经》文本的重要性。文艺复兴时期的现实主义体现在不同方面。它可能只是简单地描述一些事情，让它变得广为人知，或者使观看者产生一种新的理解。在北方，有一个将宗教形象塑造得奇怪且可怕的悠久传统。霍尔拜因将这两种现实主义结合在一起，让观看者做出他们最真实的反应。这就是为什么这幅画的影响持续了几个世纪。

宗教改革时间线

一场挑衅行为如极具毁灭性的野火般引发了宗教改革，席卷整个欧洲，并从此彻底地改变了世界。

马丁·路德的挑衅

路德在维滕贝格教堂的门上张贴他所写的《九十五条论纲》，以此抗议教会的一些做法，包括将出售赎罪券作为筹集资金的手段。

1517

廷代尔《圣经》译本出版

威廉·廷代尔出版了第一本英译本《圣经》，这与天主教会的拉丁文至上的原则产生直接冲突。那些能够阅读的人现在可以质疑教会的措辞和权威。

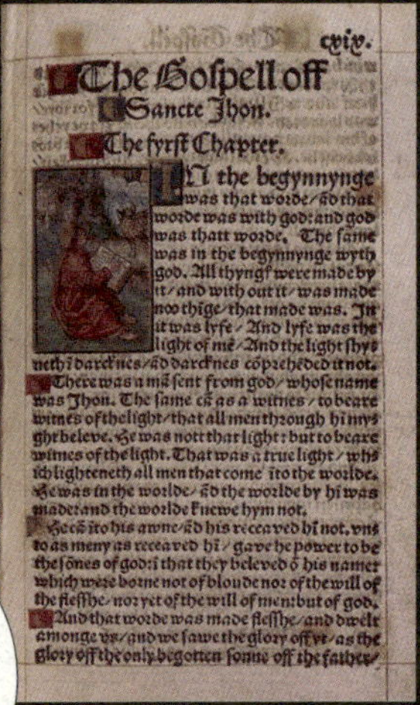

cxix.

The Gospell off Sancte Jhon.

The fyrst Chapter.

IN the begynnynge was that worde/ãd that worde was with god: and god was thatt worde. The same was in the begynnynge wyth god. All thyngs were made by it/ and with out it/ was made noo thige/ that made was. In it was lyfe/ And lyfe was the light of mẽ/ And the light shyneth ĩ darcknes/ ãd darcknes cõprehẽded it not.

There was a mã sent from god/ whose name was Jhon. The same cã as a witnes/ to beare witnes of the light/ that all men through him myght beleve. He was nott that light: but to beare witnes of the light. That was a true light/ whiche lighteneth all men that come ĩto the worlde. He was in the worlde/ ãd the worlde by hĩ was made: and the worlde knewe hym not.

He cã ĩto his awne/ ãd his receaved hĩ not. vnto as meny as receaved hĩ/ gave he power to be the sõnes of god: ĩ that they beleved õ his name: which were borne not of bloude nor of the will of the fleshe/ nor yet of the will of men: but of god.

And that worde was made fleshe/ and dwelt amonge vs/ and we sawe the glory off yt/ as the glory off the only begotten sonne off the father/

1529 年，路德和茨温利会面，试图统一新教徒，但他们无法求同存异、达成一致

1526

再洗礼运动诞生

受路德的启发，瑞士改革家乌尔里希·茨温利组建了再洗礼派，谴责对儿童施洗的教义，并主张在儿童长大到可以忏悔罪行时再行成人洗礼。

1525

与罗马的冲突

路德出版并发行了一本谴责性的小册子，其中讨论了天主教会的七项圣礼，并公开批评教会和教皇。

1520

沃尔姆斯会议

神圣罗马帝国皇帝查理五世召见马丁·路德，他认为路德的行为离经叛道，谴责路德为异端。教皇把马丁·路德逐出了教会。

1521

数字问题

马丁·路德挑战教会的 7 圣礼

加尔文阐述 5 条神学原则

包括 28 条路德教派教义的《奥格斯堡信条》被呈献给神圣罗马帝国皇帝查理五世

1517-1536

亨利八世攻击路德

为了回应路德对教会的攻击，亨利写下《七圣礼捍卫论》为天主教会辩护。一位心存感激的教皇授予亨利“信仰的捍卫者”称号。

1521，“智者”腓特烈把路德带到瓦尔特堡，使其免受天主教徒的攻击

1521

亨利被逐出教会

在与阿拉贡的凯瑟琳离婚后，亨利八世开始行动，他与教皇发生直接冲突。尽管他被称为“信仰的捍卫者”，他还是被教皇逐出教会。

1533

《至尊法案》

亨利八世指示托马斯·克伦威尔推行一项法案，让他成为英国国教教会的领袖，断绝与罗马教廷的一切联系。

1534

《奥格斯堡和约》

这项条约结束了神圣罗马帝国与路德教派诸侯结成的施马尔卡尔登联盟之间的冲突。路德教派逐渐为人们所接受，并逐渐在欧洲获得认可。

1555

最终的牺牲

托马斯·莫尔因拒绝承认亨利为教会领袖而被处死。威廉·廷代尔因翻译《圣经》而被判犯有异端罪，并被处以火刑。

廷代尔先被绑在木桩上勒死，然后被焚烧

1535-6

修道院的解散

花了4年时间才完成

共涉及约376座修道院

年收入低于200英镑的所有修道院均被解散

1536

约翰·加尔文

约翰·加尔文出版了他的改革檄文——《基督教要义》。天主教会现在受到不同派别、观点截然不同的改革派的抨击。

1536

新教传播到苏格兰

加尔文的坚定追随者约翰·诺克斯是建立苏格兰长老会的核心。继玛丽一世的天主教统治之后，英国在伊丽莎白一世统治下回归新教。

1559

三十年战争结束

《威斯特伐利亚和约》结束了天主教徒和来自欧洲各地（主要是德意志）的新教徒之间的破坏性冲突。它将永远改变欧洲版图和宗教宽容。

1648

法国自相残杀

法国的宗教战争实际上是

8 个独立的冲突

一次被处决的胡格诺派教徒

就多达 4000 人

当皇帝颁布《南特敕令》宣布结束冲突时，已有近

400 万人死亡

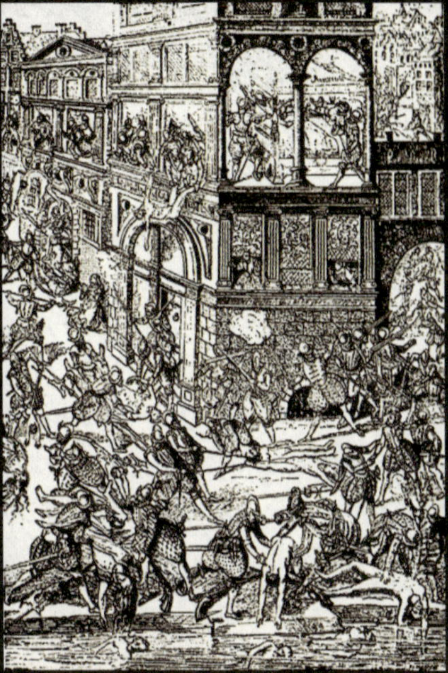

1562-1598

三十年战争

战争实际上持续了 29 年 11 个月 3 周零 1 天

德意志 25%-40% 的人死于这场战争

神圣罗马帝国由大约 1,000 个半自治的国家组成

1618-1648

《南特敕令》

在新教胡格诺派受到迫害之后，法王亨利四世给予他们宗教上的宽容。该敕令让国内秩序得以恢复，但在 1685 年被亨利的孙子路易废除。

1560 年的《日内瓦圣经》是第一部机械印刷且批量生产的《圣经》。

1598

如何
在宗教改革中生存

宗教改革牢固地扎根于16世纪初的德意志，它的国际影响力彻底改变了世界各地宗教。尽管天主教会拥有看似无限的权力，但它们需要更多宗教以外的权威。为了1个便士，牧师会卖给你“赎罪券”：它会赦免你的罪孽，减少你在炼狱中受苦的时间。

在世界各地，许多人都对天主教的统治地位表示异议，亨利八世可能是所有持不同政见者中最著名的。然而，这一切都于1517年在德意志拉开序幕，马丁·路德是一个愤愤不平的奥古斯丁会修士。路德的激进主义也许让他失了名声，但使公众意识到了教会存在许多不端行为。新教诞生了，它引发的宗教混乱给欧洲留下了难以磨灭的印记，动摇了天主教的核心。

住在哪里

当你被流放的时候，有身居高位的朋友相助自然是一件好事，你会发现马丁·路德躲在瓦尔特堡中，这是他的朋友“智者”腓特烈的家。如果你发现自己需要一个藏身之处，君主朋友的城堡也许是最安全的地方。你不仅仅可以在他们的帮助下隐藏起来，这些朋友（特别是诸侯）甚至有能力影响他们统治的公国的宗教选择。

01

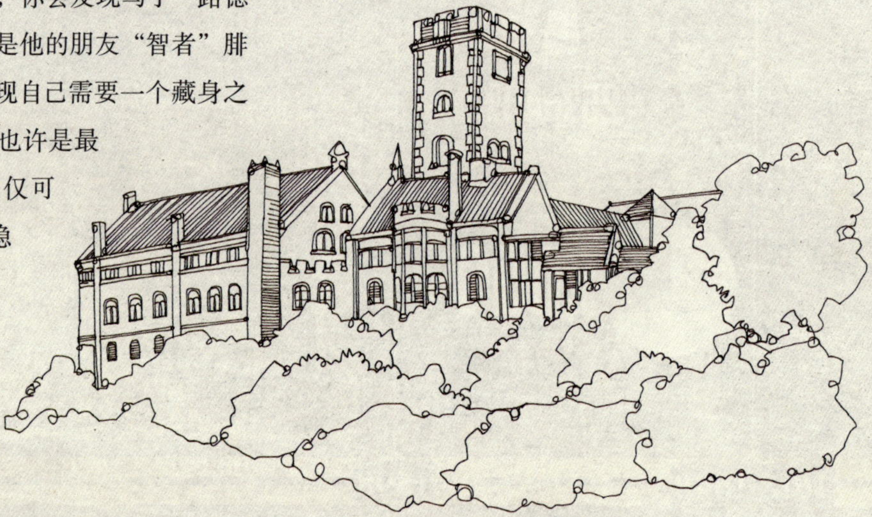

注意事项

参加公开会议
在16世纪，大多数人不会读写。最新资讯都是口耳相传的，所以不要错过！到镇广场去吧。

结交贵族
如果你发现自己需要一个方便的藏身之处，没有比结交诸侯更好的方法了，他可以把你安置在他舒适的城堡里。

习得园艺技能
当时为数不多的谋生方式之一就是农业，所以你需要学会务农。

抓住一切机会洗澡
在16世纪的德意志，洗澡的机会并不多，所以一定不要错过。

购买赎罪券
显而易见的是，不要从神父那里大肆购买赎罪券，这只会助长路德拼命想扑灭的不良火焰。

表演"巫术"
宗教改革带来了一些影响，但社会仍然信奉基督教，任何被认为是女巫的人都可能受到审判并被处死。

跳舞
如果你发现你的脚正踏着时髦的拍子跳舞，那就快停下来！你可能患上舞蹈热，这种流行性疾病侵袭了法德边境，将导致400名感染者中的部分人员死亡。

不要用白镴盘子吃饭
如果有人用白镴盘子给你盛食物，不要吃——除非你想死于铅中毒。

和谁做朋友

02

马丁·路德

作为一个谦逊的奥古斯丁会修士，1483年马丁·路德出生于一个贫寒的家庭。1517年，他的《九十五条论纲》风靡梵蒂冈，这不仅引起维滕贝格当地社区的注意，还使其被神圣罗马帝国的皇帝查理五世斥为异教徒和亡命之徒。如果你想熬过宗教改革，马丁·路德会是你的好帮手。他聪明、有文化、讲道理，还利用印刷机在德意志传播他的言论，他的思想甚至传播到英国亨利八世的耳中。

额外提示：如果你卷入1524—1525年的农民战争，不要用路德的宗教观点来为反抗辩护，你将大失所望。路德的论点实际上并不是要求社会平等，他会谴责你说："没有什么比反叛者更有害、更伤人或更邪恶了。"

03

你知道吗?

“新教徒”这个词最早出现在1529年4月

避开谁

教皇利奥十世

如果你是一个宗教改革者，那么你已经在教皇利奥十世的监视名单上了。所以在走上与马丁·路德相同的道路之前，你需要远离他，因为路德在1521年被残忍地逐出教会。德意志或许正处于改革之中，但教皇的影响力依然很大。别忘了：维滕贝格是神圣罗马帝国的中心，教皇利奥十世可以利用他的权力影响神圣罗马帝国皇帝查理五世将你流放，就像他对马丁·路德所做的那样。

有用的技能

掌握这些技术可以帮助你在混乱动荡的宗教改革年代走得更远。

04

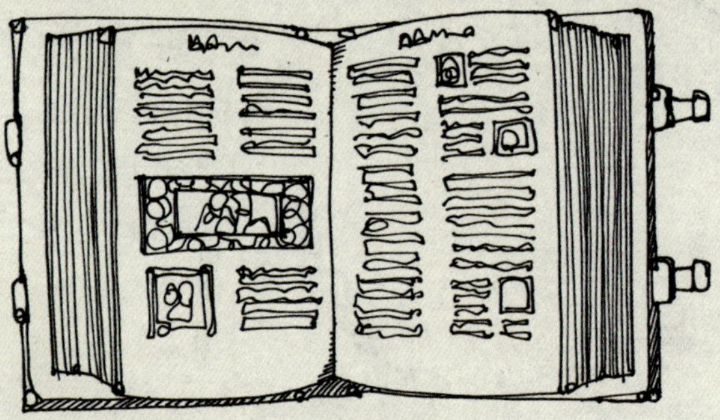

公开演讲

如果你学会了拉丁语，那你最好到镇上的广场上去分享一下你的想法。16世纪很少有人识字，所以最新的新闻和思想都在会议和集会上得到传播。

05

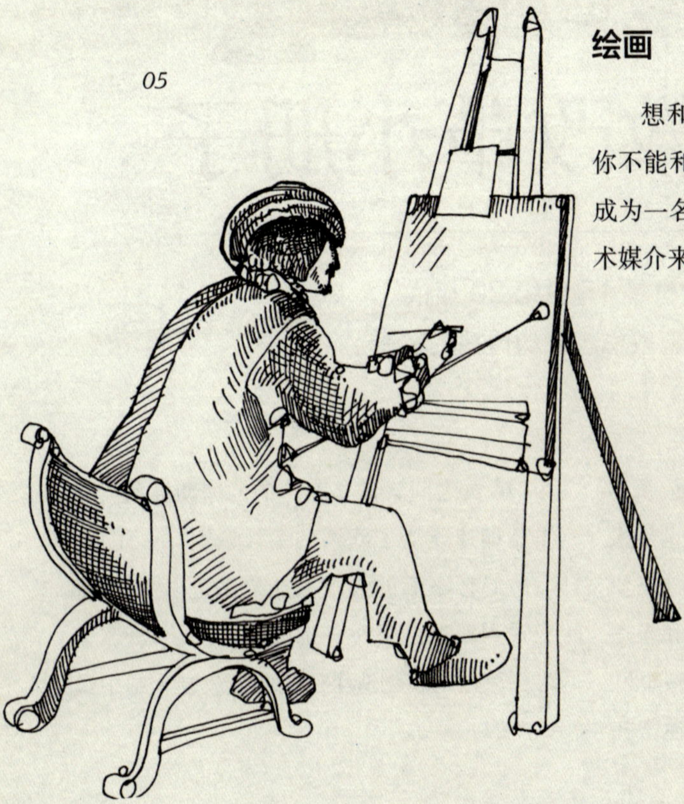

绘画

想和有影响力的贵族搞好关系吗？如果你不能和他们交朋友，那就用你的艺术天赋成为一名宫廷画家，在宫廷中你可以通过艺术媒介来表达对路德教义的热情。

06

拉丁文

马丁·路德用拉丁文写成《九十五条论纲》，所以如果你想理解它，就去学习拉丁文吧。你也需要凭借对拉丁文的了解把《圣经》翻译成你自己的语言。

如何
制作宗教改革小册子

**印刷机是 15 世纪 20 年代
德意志新教思想成功传播的秘密**

对马丁·路德来说，印刷术是“最新和最伟大的礼物，上帝打算通过它让全世界人了解真正的宗教作品”。到 1524 年，神圣罗马帝国生产了超过 200 万册印刷复本和多达 2400 本单行小册子，自 1518 年以来整个欧洲小册子的产量增加了 1000%。它们通常在 10~16 页之间，这些廉价的、煽动性的文学作品加速改变了欧洲的宗教景观。1521 年，一位心怀不满的天主教徒抱怨道：“每天都能看到路德的书……别的什么都不卖。”而路德只是众多创造小册子的新教徒大师中最多产的一位。

教士的社会地位
宗教改革改变了神职人员的性质，教士属于特殊阶层的旧观念遭受到人们的质疑。

上帝的话
以前也有过《圣经》的白话译本，但在宗教改革时期才有自己各国文字的翻译版。

布道坛上的抨击
布道是第一批新教徒的生命线，布道坛经常取代祭坛成为教堂的焦点。

煽动者
马丁·路德被描述为一名偶然出现的革命者和一名神学教授，他的个人精神追求最终改变了基督教世界。

赎罪券
早期的改革者抨击赎罪券，即通过良好的工作甚至钱财便可以将信徒从炼狱中解放出来。

你需要什么……

羽毛笔和墨水

《圣经》

铅字

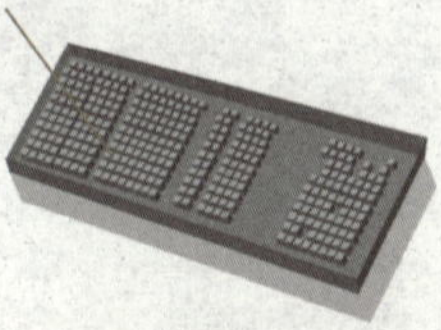

钱

谷登堡印刷机

01 发表声明

在这里，他们认为，拯救灵魂是一个危险话题，所以你要挑战它。你的任务是找出基督教世界的创伤并告诉我们如何将其治愈。你要挑战现状。当你的敌人狂吠时，你要更大声地回击。记住，在小册子出版之前，提前一点儿做宣传不会有什么坏处。在当地的鼓动者中赢得声誉是一个很好的策略。

02 印刷，反复印刷

他们提倡，虽然加洛林的军队在军事上更为强大，但撒克逊人不会轻易妥协——这场战役要耗时数年才能取得胜利。在征战过程中，你要在占领撒克逊人据点的同时建造自己的要塞，就像查理大帝在772年占领撒克逊人最大的避难城堡埃尔格斯堡后又建立卡尔施塔特那样。

03 修改你的信息

他们说，一切都需依据环境做出反应。当你的敌人批判你的小册子的时候，你要立刻刊发反驳之词。用他们的批评来证明他们大错特错。不要害怕稍微调整你的想法，关注新闻：如果你能把你的神学信息与社会或政治问题联系起来，那就更好了。

04 发行

建立一个可靠的快递网络，并在学术和商业社区繁荣的城镇建立市场。保持低价！如果你想把你的信息传播到其他地方，你要注意天主教当局，因为他们一直在留意小册子走私分子，并会对抓到的任何人施行可怕的惩罚。

如何……设计一本改革小册子

现代早期的印刷术还不完善。小册子所用的纸张质量很差，复本的编辑流程往往十分粗糙，印刷商通常会匆忙地把作品从印刷机上拿下来，在竞争市场抢占先机。1525 年，路德在序言中提到“我亲爱的印刷工们，他们如此公开地互相抢劫偷窃”。如果他们“没有在这个过程中让我的书变得错漏百出、面目全非”的话，他会愿意容忍行业内的欺诈和盗窃行为。文本制造出来的速度快得出奇，以至于“当我拿到它们的时候，却再也认不出它们了”。有些东西“要么少了一部分，要么装订顺序错了，要么疏于校对”。路德还对广泛的盗版行为保持警惕，坚持使用难以复制的复杂字体。不过，他作品的盗版版本仍然卖得很好。

4个著名的……
宗教改革小册子

马丁·路德

维滕贝格，1483—1546

改革的发起者和最精力充沛的小册子作者。仅在1523年，他就创作了50多部重要作品。

汉斯·萨克斯

纽伦堡，1494—1576

并非所有的小册子作者都是博学的神学家。萨克斯是一个皮匠，他制作了许多重要的小册子，是路德最伟大的支持者之一。

卢卡斯·克拉纳赫

维滕贝格，1472—1553

小册子中的图画是至关重要的，克拉纳赫是路德的密友，他从崇高的艺术追求中抽出时间，为路德的小册子制作版画。

乌尔里希·茨温利

苏黎世，1484—1531

茨温利领导了苏黎世的宗教改革。从他小册子的内容可以看出，他的神学观点与路德完全不同。

05 找到你的受众

他们说，如果你想吸引尽可能多的受众，拉丁文文本会很受文人欢迎，但它们只会让你停滞不前。在酒馆和集市里的人也想要一本他们能听懂的语言写的小册子。使用日常生活中的故事总会产生很好的效果，适当表达幽默也有助于常销。

06 为自己辩护

他们认为，如果有人威胁要把你逐出教会，你要表现得从容不迫。甚至说，必要时公开焚烧文件。如果你被送上法庭，他们会希望你露出马脚，所以你需要保持冷静，坚定自己的信仰。最重要的是，注意你自己队伍中的分歧：不要让激进分子掠走你的信息。

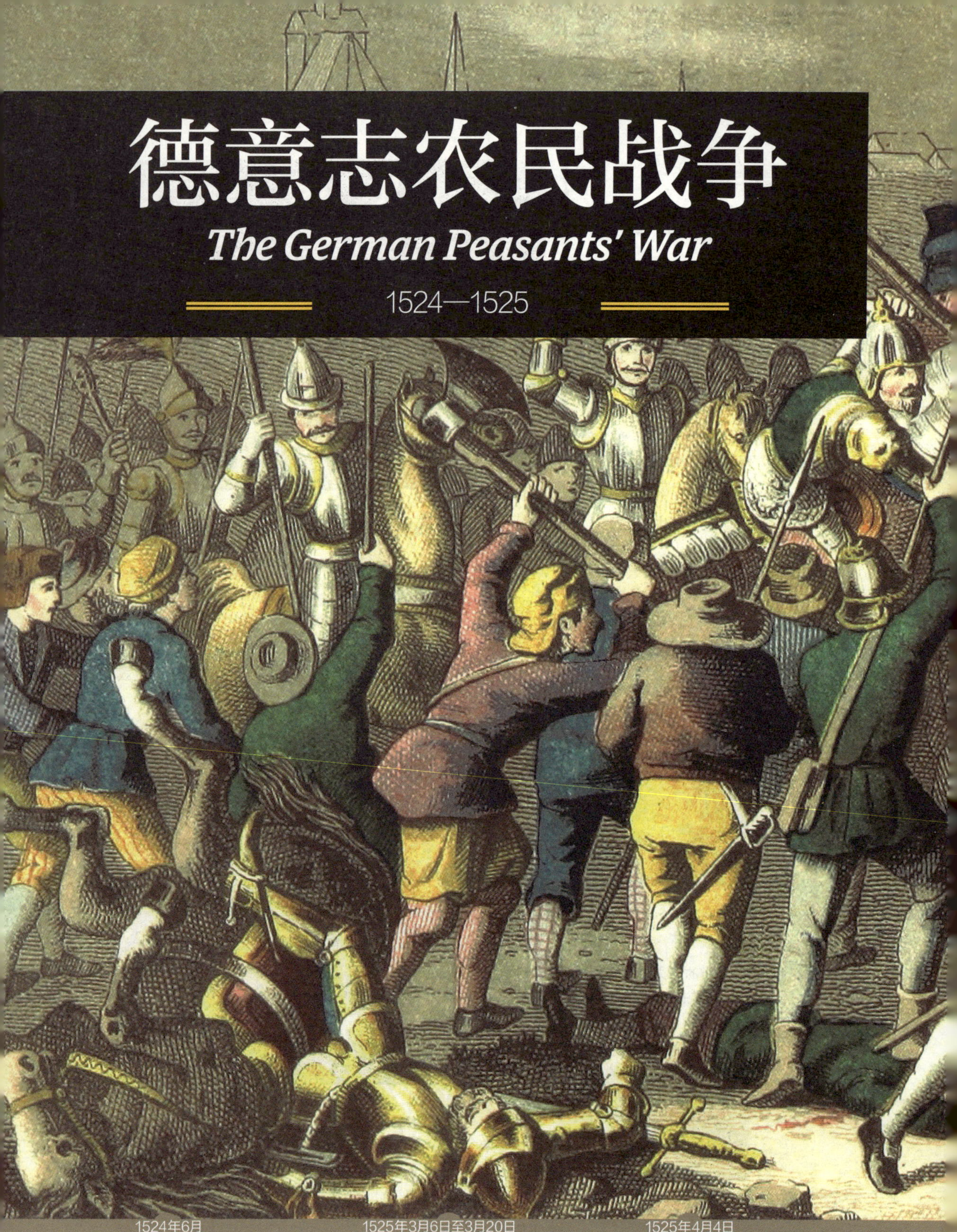

德意志农民战争

The German Peasants' War

1524—1525

1524年6月

卢芬伯爵夫人要求伯爵的佃户在休息日收集蜗牛壳。但是农民们高举旗帜奋力反抗，并列出清单控诉不满。

1525年3月6日至3月20日

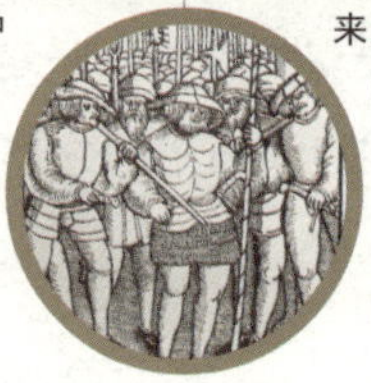

来自不同农民群体的代表会面并讨论出一系列共同诉求。他们达成的共识即《十二条》。

1525年4月4日

农民试图在莱普海姆战役中进攻乌尔姆城。在看到施瓦本联盟之后，他们试图撤退，但还是有1000人丧生。

1525年5月13日

农民们进攻魏恩斯贝格城堡，他们取得胜利并俘虏了伯爵。他们处决了他和其他70名贵族，但这也造成了农民内部的分歧。

1525年4月29日

巴特弗兰肯豪森战役中，农民军败给黑森的腓力一世和萨克森公爵格奥尔格的军队。闵采尔不久后被逮捕，随后被处死。

1525年9月

起义军的残部被镇压下去，许多农民回到农场。农民运动最终以失败告终。

什么是农民战争？

在经历了一段时期的动乱和经济困难之后，神圣罗马帝国德语区的农民开始反抗天主教会和地主。叛乱始于1524年6月，当时约有1000人在施蒂林根起草了一份控诉书。到了10月，越来越多的农民在德意志西南部地区相继起义。

起义军代表聚集在梅明根明确共同目标并形成了《十二条》。《十二条》列出了各项要求，包括可以自由地捕鱼和打猎、摆脱农奴身份、社区有权选择和罢免自己的牧师等。《十二条》出版印刷后，迅速风靡德意志，引发了一系列的战争和屠杀，大多数战争都以农民的失败而告终。战争结束时，超过10万人丧生，严厉的限制和条款出台以遏制起义的进一步蔓延。

为什么会发生起义？

在起义前的几年里，农民贫困交加、衣食无着。有人抱怨说：由于贵族不断向佃户和农奴索要更多钱来抵消土地价值的下降，农民的劳动负担越来越重，房租也越来越高。虽然宗教改革是起义的重要推动因素，但施蒂林根起义之初农民并没考虑信仰问题。直到运动扩大，越来越多的人开始对宗教产生不满，起义者开始利用已经在城镇和村庄宣扬的路德教派思想来寻找一个共同的与农业无关的战争由头。《十二条》中的诸如“《圣经》证明我们是自由的，我们想要获得自由”等文字就体现出从路德作品中受到的启发。

谁参与其中?

马丁·路德

1483 年 11 月 10 日至 1546 年 2 月 18 日

路德把《圣经》译成通用的德文，一定程度上促使了起义爆发。但是他并不是有意的，实际上他十分谴责农民的这种行为。

托马斯·闵采尔

1490 年至 1525 年 5 月 27 日

受路德思想的启发，闵采尔成为主要的激进派改革者和起义的支持者，他甚至亲自领导军队参战。

格奥尔格·特鲁赫泽斯·冯·瓦尔德堡

1488 年 1 月 25 日至 1531 年 5 月 29 日

施瓦本联盟的指挥官被称为“农民的灾难”，他以对敌人严厉无情而著称。

哈布斯堡家族

The Habsburgs

哈布斯堡王朝简介 80
查理五世 84
霍夫堡皇宫 95
奥地利的玛格丽特 106
奥地利的炼金术士 120

哈布斯堡王朝

THE HABSBURG DYNASTY

简介

统治欧洲大陆 5 个世纪的皇族

哈布斯堡王朝是 15—20 世纪欧洲最强大的统治王朝之一。它是由克莱特高伯爵拉德波特在 11 世纪建立的，后来这个王朝以他建造的城堡哈布斯堡的名字命名。1278 年，哈布斯堡伯爵、后来的“罗马人的国王”鲁道夫一世在获得奥地利公国后，不断扩张自己的领地。哈布斯堡家族中第一位成为神圣罗马帝国皇帝的成员是腓特烈三世，他于 1440 年当选，尽管他的加冕礼直到 1452 年才举行。近 3 个世纪以来，神圣罗马帝国皇帝的头衔一直由哈布斯堡家族持有。它本质上是世袭的，因为每一位皇帝都会动用一切影响力，以确保他的亲属能够当选。

腓特烈三世的儿子马克西米利安一世在 1493 年父亲去世后成为神圣罗马帝国的统治者。在马克西米利安的有生之年，哈布斯堡家族的疆域继续扩张，这要归功于他与欧洲皇室家族的一系列巧妙联姻。1482 年，他与勃艮第的玛丽结婚，因此而得到了尼德兰。

1506 年，在他的儿子“美男子”腓力早逝后，马克西米利安为他的孙子查理铺路，希望孙子能在自己死后继任神圣罗马帝国皇帝。1519 年，查理当选，是为查理五世，在他的母亲卡斯蒂利亚的胡安娜（胡安娜是卡斯蒂利亚的伊莎贝拉一世和阿拉贡的斐迪南

二世的女儿）去世后，新皇帝在1516年继承了西班牙及其殖民地。查理首次将西班牙领土、神圣罗马帝国和哈布斯堡家族的世袭土地联结起来，置于他一人的统治之下。

查理的新帝国规模空前，因此它被称为"日不落帝国"，打破了欧洲的权力平衡。然而，统治哈布斯堡的广大领地也困难重重，查理经常需要摄政或代理人来帮助他管理帝国。比如他的弟弟斐迪南，他是奥地利领土的管理者。

△ 1273 年鲁道夫一世被选为“罗马人的国王”

△ 这一王朝是以其原址哈布斯命名的

◁ 斐迪南凭借自己的实力继承皇位之前，曾是他哥哥的代理人

“哈布斯堡王朝第一位成为神圣罗马帝国皇帝的成员是腓特烈三世”

在统治这个庞大的帝国 40 年后，查理的身体大不如前，他于 1556 年退位，并将领土分给他的儿子腓力二世和弟弟斐迪南，后者后来被选为神圣罗马帝国皇帝。从此以后，哈布斯堡王朝一分为二，变为由腓力领导的西班牙分支和由斐迪南统治的奥地利分支。

历代奥地利哈布斯堡王朝继承人都会成为神圣罗马帝国皇帝，直到 1740 年查理六世去世，男性血统至此断绝。查理六世的女儿玛丽亚·特雷莎接替他成为哈布斯堡王朝的统治者，但她在丈夫弗朗茨一世于 1745 年当选后才成为神圣罗马帝国皇后——尽管她才是幕后掌权者。

1521 年，查理授予斐迪南奥地利大公的头衔，并承诺支持他在名为“沃尔姆斯会议”的帝国大会上当选为“罗马人的国王”。这个头衔现在被视为神圣罗马帝国皇帝的前身，因此，斐迪南在 1531 年正式当选为国王就意味着他最终将继承皇位。

虽然在玛丽亚·特雷莎死后，哈布斯堡家族的女性血脉也断绝了，但她通过与弗朗茨的婚姻建立了哈布斯堡 - 洛林家族。这个新的家族继续统治神圣罗马帝国，直到 1806 年它被拿破仑和法兰西第一帝国打败，弗朗茨二世解散了神圣罗马帝国。

查理五世

CHARLES V

1500—1558

一个人对“日不落帝国”的追求是如何使西欧四分五裂的

在世界统治者的历史记载中，查理五世本应与最伟大的人物比肩。他不仅是颇具影响力的哈布斯堡家族的族长，还将他在欧洲的统治范围从德意志延伸到西班牙和意大利北部，甚至囊括了奥地利及现代比利时、荷兰和卢森堡等低地国家。所有这些领土加上西班牙对美洲的殖民统治，促使他的王国被称为第一个“日不落帝国”。尽管查理五世势力惊人、出身名门且头戴无数王冠，但他从未让这个帝国获得它应有的传奇地位。

我们不应该只看到查理大权在握的一面，更应该看到他的失败。这是一个史诗般的故事，讲述一个人追逐不可能发生的奇迹的决心。但不管故事多么鼓舞人心，最终还是以失败告终。为什么会这样？查理从一开始就注定失败吗？是因为统治这样一个幅员辽阔的王国是一项根本就不可能完成的任务吗，还是应该归咎于查理本人，以及导致他走上本可以避免的灾难性道路的致命野心？

自他出生，由于两个雄心勃勃且势力庞大的家族联合孕育了他，查理便充满雄心壮志。他的母亲阿拉贡和卡斯蒂利亚的胡安娜让他不仅继承了西班牙，还继承了意大利的部分地区，而他的父亲腓力一世将哈布斯堡尼德兰的统治权交给他，形成了被称为低地国家的地区。他的皇室血统延续自祖父母，他的祖父是神圣罗马帝国皇帝马克西米利安一世，简单地说，查理五世注定要成为一个统治者。他的血管里流淌着皇室血液，他决心要宣示自己所有的继承权。

然而，统治比查理想象的要困难得多。家庭内外都有人向他投来怀疑的目光。他的外祖父担心在查理的统治下西班牙与哈布斯堡家族结为联盟，故而希望看到查理的弟弟斐迪南继承西班牙王位。查理的父亲去世后，年幼的他挑起重担。然而，这位年轻的王子接受了挑战，当有人建议斐迪南接过西班牙的统治权时，查理的反应是用绝对的自信和权威断然拒绝，将西班牙王冠攥在手中，尽管他拥有的王冠的数量还在不断增加。

当查理于1517年到达西班牙时，他就像一个外国人。他几乎不会说当地语言，也不知道那里的风俗习惯。对人民来说，他不是他们的国王，而是一个外国统治者，当他

◁ 查理有一个著名的哈布斯堡家族特别有的大下巴，这是家族近亲通婚的副作用

全能君主

欧洲能由一个人统治吗?

当查理成为国王后，他也成为第一个同时统治卡斯蒂利亚和阿拉贡的人。对许多人来说，这使得查理成为西班牙的第一任国王。当他的祖父马克西米利安去世后，他被选为神圣罗马帝国皇帝，他的权力进一步增加。这是自 9 世纪查理大帝之子“虔诚者”路易以来，欧洲最接近于一个普遍君主制国家的时候。

查理非常渴望统治他继承的大量领土，君主政体将从西班牙延伸到德意志，再延伸到新大陆。查理希望成为新的查理大帝的想法得到他的大臣墨丘里诺·迪·加蒂纳拉的大力推崇，查理渴望实现普遍君主国的梦想。然而，他的丰厚遗产和远大抱负引起了他人的觊觎。除了拥有辽阔的领土外，查理还“继承”了大量的敌人，他们都担心查理会建立欧洲霸权。当时，民族国家的概念逐渐开始流行，而这种观念是查理强烈反对的。

法国的弗朗索瓦一世、奥斯曼帝国的苏莱曼一世和德意志的新教诸侯们都反对查理追求普遍权力，他们给查理设置了许多困难。查理一生都致力于赢得这场争夺控制权的战争。除此之外，他还积极与兴起的新教做斗争。最终，眼见众多敌人将要结成联盟，查理被迫放弃他建立普遍君主制的梦想，并以一系列退位之举来取消他的所有主张，确保没有人会继承他所统治的庞大帝国。

△ 加蒂纳拉敦促查理建立一个王朝帝国，以统一基督教世界

因祖父逝世而匆忙离开时，他的人民对新国王非常不满且充满怀疑。但查理有更远大的目标。他希望在欧洲舞台上扮演重要角色，而做到这一点的最好办法就是确保他祖父作为神圣罗马帝国皇帝的角色能由他继承。查理看准了，他需要另一顶王冠来增加自己的实力。

对查理来说，皇帝的角色不仅仅可以让他拥有权力，还为他提供了一个充当“上帝旗手”的机会，以此保护欧洲基督教免受来自外部和内部的异端侵扰。在为帝位竞选期间，他用贿赂、宣传和威胁相结合的手段，击退了英王亨利八世和法王弗朗索瓦一世的挑战。他成功了。查理获得了皇位并于 1519 年 6 月 28 日当选为“罗马人的国王”。然而，虽然他似乎赢了，但他实际上却为自己戴上了一顶棘冠。

皇帝的头衔伴随着显赫的威望和权力而来，但当查理统治神圣罗马帝国时，它已经开始衰落了。关于皇帝权力范围的冲突仍在继续，统治着各自领土的诸侯们都希望得到尽可能多的独立和权威。

事实上，查理没有办法在他的领土上组建一支常备军，也无法建立帝国税收制度。虽然皇帝可以在议会、帝国内部统治者的正式会议上就讨论做出决定，但实际上并没有办法切实执行这些决定。

查理继承了多个王位，但这也让他的统治变得十分困难。他是一位奥地利诸侯，因此卷入了匈牙利境内该国与土耳其人之间的斗争，而神圣罗马帝国则与雄心勃勃的半独立德意志诸侯们展开争斗。在意大利北部，他面临着来自法国的挑战，他还必须保护阿

△ 在妻子去世后的两个月里，查理把自己关在修道院里

拉贡在地中海的利益，更不用说南美洲的卡斯蒂利亚属地也必须得到重视。还有尼德兰，该国希望与法国和英国和平相处，进而扩大贸易。查理面临着一个客观上不可能完成的任务，即兼顾所有这些利益，让每个人都感到满意的同时还要打击他的敌人。而且，一个新的敌人就在眼前。

1521 年，在沃尔姆斯会议上，马丁·路德似乎回答了关于《九十五条论纲》的问题，他的论纲激励了整个欧洲的新教革命。尽管路德因为“异端”而受到指责，但他拒绝撤回他的作品。查理的会议并没有消除他的天主教帝国遭受的日益增长的威胁，反而促进了路德的信息传播。路德在会议上有力地论述了自己的宗教思想，迎来了第一位改宗路德教派的德意志诸侯。

查理盛怒之下拒绝承认路德的所有作品，几乎向新教宣战。宗教改革不仅是对查理坚守的天主教信仰的挑战，还严重威胁到他的最终目标——对整个西欧实行统一统治。

阻碍他实现这一梦想的不仅仅是新教，查理的主要竞争对手是法国。这个国家决心占领那不勒斯或米兰，而查理把大量的时间和精力都花在对付这个威胁上。1521 年，罗马教皇与查理结盟对抗法兰西人和威尼斯人。查理的军队是一支不可忽视的力量，在帕维亚战役中，他取得了巨大胜利，甚至成功地俘虏了法王。和平条约对查理非常有利，但到了 1526 年，弗朗索瓦一世重归战场，无视条约的条款。这次他带来了盟友。

法国加入干邑同盟，教皇克雷芒七世与威尼斯、佛罗伦萨和米兰结盟对抗皇帝。查理决心粉碎针对他的联合起义，讽刺的是，

△ 查理坐在他的敌人之上，这些敌人包括苏莱曼、教皇克雷芒七世和弗朗索瓦一世

“继承全部王位的查理的主要竞争对手是法国”

▽ 教皇克雷芒七世别无选择，只能与自己的对手查理五世结盟

以新教徒为主的军队入侵无人保护的罗马并无情地洗劫了这座城市。

后来攻占米兰之后，1529 年，查理再度获胜，并签订了《康布雷条约》，这确保他将通过拥有米兰和那不勒斯来控制意大利。教皇最终在 1530 年 2 月为查理加冕，成为最后一个给神圣罗马帝国皇帝加冕之人。

表面上看，战胜法国提升了查理的军事声誉。然而，分心于对法战争的同时，他在德意志的地位却急剧下降。他的缺席给了反对哈布斯堡的诸侯们巩固权力的机会。查理还面临着奥斯曼土耳其入侵匈牙利的威胁。1520 年，苏莱曼大帝继任奥斯曼帝国苏丹，大大增加了奥斯曼土耳其人对欧洲的压力。这种威胁还波及哈布斯堡的其他省份，尤其是查理承诺授予其弟斐迪南的那些省份。

▷ 伊莎贝拉责备丈夫没有经常给她写信

康乃馨皇后

查理五世的摄政王后不只拥有一张漂亮的脸蛋

从一开始，伊莎贝拉就知道自己想要什么，那就是嫁给一个国王，准确地说是嫁给查理五世。伊莎贝拉是葡萄牙国王曼努埃尔一世和阿拉贡的玛丽亚的女儿，生来就要成为王后。当她发现查理正在考虑和英格兰的玛丽 · 都铎结婚时，伊莎贝拉孤注一掷，宣称她要么嫁给他，要么进修道院。她的决心赢得了胜利，她和查理的结合创造了一个权力和财富的联盟。然而，当两人相遇时，事情变得浪漫起来。查理和伊莎贝拉拥有王室联姻中最珍贵的东西——真爱。

查理非常信任他的妻子，伊莎贝拉的聪明才智使她在查理频繁缺席的时间里成为一位非常能干的西班牙摄政王后。他们一共有 6 个孩子，但只有 3 个活到成年。不过，伊莎贝拉不仅仅给了他王位上的保证。她在制定政策方面发挥了积极作用，并在法国和西班牙王室之间斡旋，促成联姻。

不幸的是，伊莎贝拉的生命因分娩并发症或者可能是肺结核而走向终点。她的死给查理造成了沉重的打击。在他死去的那一刻，他紧紧抓着爱妻临终时握着的那个十字架。

△ 查理幼年失怙，他的母亲也有精神问题

△ 在沃尔姆斯会议之后，路德侥幸逃脱了逮捕和惩罚

“教皇尽全力摆脱查理的控制，他甚至还召集总主教议会”

▽ 8000 名法国士兵在帕维亚战役中伤亡

△ 对一些人来说，查理的退位并不是失败的标志，而是一位真正的基督教帝王最后的抗争

奥斯曼土耳其人的陆海双重进攻对哈布斯堡家族来说是一个巨大的威胁，但是查理因为西欧的冲突而心烦意乱，根本无暇也无钱去对付土耳其人。但是他需要做些什么来获得欧洲盟友的支持，否则他的整个帝国将在苏莱曼军队的铁蹄下一蹶不振。

1530 年，在奥格斯堡议会上，查理和诸侯们都渴望达成妥协，但所有的和解尝试都失败了。德意志诸侯们现在彻底宣布自己是新教徒。这并不是因为神的突然介入或心意的改变。相反，这是一个非常有效的摆脱皇帝权力的方法，他们的最终目标是让自己的权力世代相传。面对高歌猛进的土耳其军队，查理不仅不能让诸侯站在他一边，还在英王脱离罗马天主教会之后失去了亨利八世这位盟友。诸侯们没有与查理结盟，而是看到一个机会：在国王虚弱且心烦意乱的时候袭击他。他们与查理最大的敌人法国联合起来，对他发动了一场联合战争。

诸侯们并不是查理唯一的敌人，他的弟弟斐迪南对查理坚定的帝国主义行动越来越失望。当查理把继承者从斐迪南改为自己的儿子腓力时，两兄弟之间的裂痕加深了。到 1542 年，查理面临着法国、奥斯曼帝国、教皇和荷兰格德司公爵的联合作战。他们之间的战争没有结果，最后以 1544 年签

奥格斯堡和约

三十年的宗教战争以皇帝的失败告终

查理五世成年后的大部分时间都面临着一个最大的威胁：宗教改革，或者更具体地说是路德教派。对查理来说，这场斗争不仅关乎宗教，还关乎权力。尽管施马尔卡尔登联盟开始只是一个宗教团体，但他们的野心很快就转变为政治目标，抵抗运动对他的帝国构成了真正的威胁。与许多宗教团体不同，他们拥有相当强大的军事力量来支撑野心。即便如此，人们起初也认为查理会战胜他的敌人。尽管他们人数众多，但联盟的领导地位低下，缺乏有效的战术，他们在米尔贝格战役中被查理彻底击败。因为稳操胜券，查理迫使他的敌人在奥格斯堡临时敕令期做出让步。看来威胁已经消失了。

但即使查理倾尽所能也挡不住席卷欧洲的新教浪潮。在三十年战争中，查理曾试图阻止这场洪流，但新教徒在 1552 年取得的小小胜绩竟成了压垮骆驼的最后一根稻草。查理签署《帕绍和约》，给予新教徒自由，掐断了自己实现梦寐以求的宗教统一的机会。

3 年后，《奥格斯堡和约》巩固了路德教派在神圣罗马帝国的官方地位。诸侯们现在可以自由选择他们的官方宗教——天主教或新教路德宗。这在某种程度上缓解了紧张局势，但其他团体，如加尔文教派，仍然没有得到承认，其带来的紧张局势引发了三十年战争。

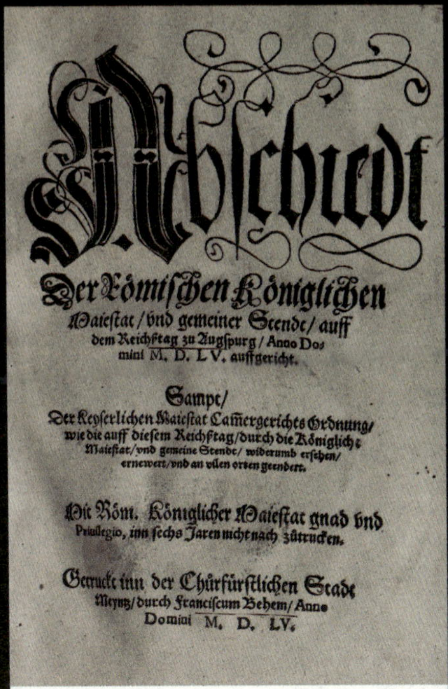

Abschiedt
Der Römischen Königlichen Maiestat/vnd gemeiner Stende/auff dem Reichstag zu Augspurg/Anno Domini M. D. LV. auffgericht.
Sampt/
Der Keyserlichen Maiestat Cammergerichts Ordnung/wie die auff diesem Reichstag/durch die Königliche Maiestat/vnd gemeine Stende/widerumb ersehen/ernewert/vnd an vilen orten geendert.
Mit Röm. Königlicher Maiestat gnad vnd Priuilegio, inn sechs Jaren nicht nach zůtrucken.
Getruckt inn der Chůrfürstlichen Stadt Meyntz/durch Franciscum Behem/Anno Domini M. D. LV.

△ 直到 1648 年签署《威斯特伐利亚和约》，加尔文教派才得到官方认可

署的《克雷皮和约》而结束。然而，在这份条约中，弗朗索瓦一世私下向查理保证会帮他铲除德意志新教徒，一年后教皇也做了同样的承诺。为了让盟国最终帮助自己消灭德意志内部的威胁，查理用贿赂的方式获得了莫里斯公爵的支持。

几经周折之后，查理最终拥有了一支联合军队，能够扫除讨厌的新教诸侯。1547 年，他在米尔贝格战役取得胜利，新教施马尔卡尔登联盟被查理和他的盟友击败。查理建立一个普遍君主国权威的梦想，从统一的天主教德意志来看，似乎是要实现了。然而，他犯了一个代价高昂的错误。他结交的盟友反复无常，害怕给查理太多的权力，于是集体抛弃了他。法国及其新国王亨利二世积极奉行反哈布斯堡的政策，教皇千方百计逃避查理的掌控，甚至把总主教议会从皇帝身边转移到博洛尼亚。

在国内看似获得的胜利实际上收效甚微。无论是天主教徒还是新教徒，没有一方想要查理想要的东西—— 一个中央集权、统一的德意志。在奥格斯堡临时敕令期，他别无选择，只能放下身段向他们妥协。这次妥协不会持续很久。法国和德意志的诸侯们，包括查理的老盟友萨克森的莫里斯，联合起来反对皇帝。1552 年，莫里斯入侵奥地利。由于担心被杀，查理逃走了。查理被击败，颜面尽失。他没有选择的余地，只能在 1555 年的《奥格斯堡和约》中进一步妥协，这使路德教派获得与天主教平等的地位。查理有苦难言，拒绝出席后续的一系列活动。这位皇帝仍然决心拼凑一些表面上的团结，试图与英格兰结成姻亲，所以让自己的儿子腓力迎娶女王玛丽一世。然而他又一次大失所望，玛丽死于 1558 年，没有留下子嗣。

从个人角度来说，查理是在苦苦支撑。1553 年，他患上关节炎。自 15 世纪 20 年代末以来，他不断遭受痛风发作的折磨，每次发作的时间和强度都在增加。他的抑郁和失眠也不是什么大秘密。他最亲密的顾问开始担心查理的生命

“当另一场与法国的战争正在进行时，查理选择放弃王位”

◁ 4.5万名平民被杀、受伤或流亡

▷ 1563年，腓力二世继续派遣西班牙无敌舰队前往英格兰

安危，密切关注他的精神健康，他说：“他经常哭很长时间，泪水涟涟，像个孩子一样。”考虑到查理面临的一连串失败，他失去信心也就不足为奇了。欧洲最强大的君主已经变得不堪一击。

当另一场与法国的战争还在进行时，查理选择放弃拥有的国土。这是一个漫长的过程，因为他拥有大量领土。腓力在与玛丽的婚姻中已经获得了那不勒斯王国，1555年10月，他又获得了低地国家的控制权。在同一个仪式上，查理把他的帝国交给斐迪南，并发表感人的演讲。他哀叹自己无法为人民带来和平，但声称自己参加所有战争都是迫于压力。据说全场无人不为之动容。

到了1556年1月，查理逐渐放弃他所拥有的西班牙领土，并宣布他的儿子为国王。他终于摆脱了所有王冠的重负，离开尼德兰前往西班牙，在尤斯特修道院附近隐退，他一直在那里生活直至1558年9月21日去世。

表面上看，查理是一个彻头彻尾的失败者，但他确实取得了许多胜利，其中一些令人印象特别深刻。查理不但是一个征服者，而且是最早反对奴隶制的人之一，并举行了已知的第一次关于普遍人权的讨论。他是一个拥有惊人的意志和决心去追求一个不可能完成的目标的人，正是这个目标最终导致了他的失败。神圣罗马帝国在他继承的时候就已经崩溃了，欧洲的势力错综复杂，不可能置于一人统治之下。

当查理与一个敌人作战时，另一个敌人就会趁机巩固力量并发动进攻。他面对的是一场无休止的斗争，他只能勉力支撑，合并不同派别无异于痴人说梦。皇帝的盲目自信让他付出了巨大的代价。如果他的目标再低一点，今天的人们很可能会记住他令人印象深刻的成就和令人钦佩的品质，而不是只记住他的失败。

霍夫堡皇宫

建造年份：修建中
建造时间：1279 年开工
房间数量：超过 2500
风格：哥特式、文艺复兴式、巴洛克、洛可可风格和古典主义风格
地点：奥地利维也纳

虔诚的信徒，他与教会的亲密关系增强了他的政治权力。

霍夫堡皇宫

The Hofburg

皇家府邸

哈布斯堡家族的故居，这座宏伟的宫殿见证了
欧洲绝大部分历史的发生

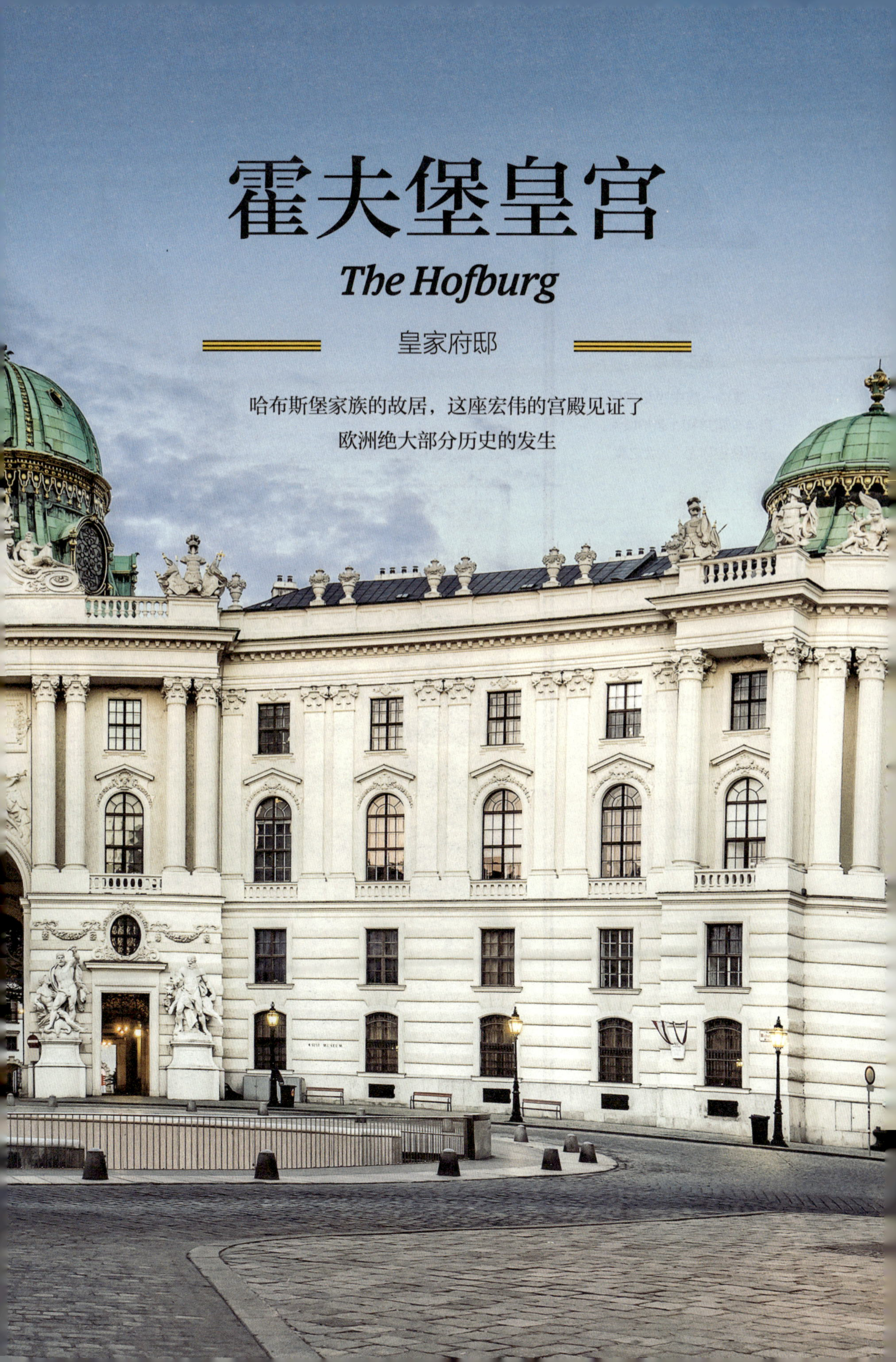

时间轴

1279

施工开始

建造一座中世纪城堡，有 4 座塔楼和 1 条护城河。这最终被称为“瑞士之翼”。

1552

瑞士人大门

这是维也纳为数不多的文艺复兴时期纪念碑之一，它用来存放帝国宝藏。

1558—1565

斯托尔堡宫

它开始是马克西米利安大公的住所，后来成为一座美术馆，最后成为著名的利皮扎纳马的出产基地。

17世纪60年代

豹翼

利奥波德一世设计的翼楼将许多独立的建筑连接成一个整体，成为皇家生活区，它们建于 17 世纪 60 年代。

时间轴

18世纪

巴洛克风格的延伸

著名的哈布斯堡建筑师约瑟夫·伯恩哈德·费舍尔·冯·埃拉赫开始着手对宫殿进行一些宏伟的扩建。他死后，他的儿子将看到他的工作成果。

1809

新兴花园

在法国军队摧毁一些防御工事后，周围的土地被重新改造成各种各样的绿地，上面有奥地利将军的雕像。

1992

重建里道藤大厅

一场灾难性的火灾摧毁了里道藤大厅的内部。经过大量的翻修工作，大厅于1998年重新开放，至今仍用于大型活动。

2017

在美丽的蓝色多瑙河的河畔

2017年，皇宫庆祝了3个历史性的周年纪念日，分别是玛丽亚·特蕾亚300周年诞辰、伊丽莎白皇后180周年诞辰，以及小约翰·施特劳斯创作和演奏著名的圆舞曲《蓝色多瑙河》150周年。

霍夫堡是维也纳一座庞大的宫殿建筑群，其名字直译就是“皇家城堡”，几百年来一直是欧洲政治的心脏。这座宫殿最早建于 13 世纪末，最初是奥地利执政公爵的住所。后来，它被移交给哈布斯堡王朝，其君主统治着欧洲大片地区达数百年之久。成为奥地利总统驻地之前，这里也是德意志皇帝的暂时居所。

除了浸淫于各种文化和欧洲历史之外，宫殿的建筑风格也富于变化。7 个多世纪以来，霍夫堡不断添加哥特式、文艺复兴式、巴洛克风格、洛可可风格和古典主义风格的新建筑，反映出宫殿高墙内的宫廷生活多姿多彩、生机勃勃。

霍夫堡有 18 个建筑群、19 个庭院和 2500 多个房间，占地面积接近 24 公顷。难怪这座皇宫常被描述为“城中之城”。

对于那些热衷于探究独特的哈布斯堡王朝历史，特别是弗朗茨 · 约瑟夫皇帝和伊丽莎白皇后之间爱情故事的人来说，西西里博物馆和帝王公寓可以让你深入了解这两位迷人的君主的生活。

霍夫堡的另一个罕见之处是，它如今仍然服务于国家的日常管理，奥地利总统的办公室设在这片曾经的皇家住宅区。这是一个非凡的地方，过去和现在相互交织，游客不仅可以感受到日常宫殿生活的喧嚣，还可以沉醉于其丰富而迷人的历史氛围中。

城中之城

宫殿的建筑在不断地变化更新

哈布斯堡王朝的一些最伟大的建筑师——事实上跨越了数代人的时间——多年来将霍夫堡建设成为欧洲最独特、最令人惊叹的宫殿之一。

在几百年间，这座宫殿已经从中世纪的一座低矮城堡发展成为如今仍在使用且约有 5000 人居住的庞大建筑群。这座宫殿最古老的部分是旧堡，虽然在 18 世纪更名为瑞士翼，但它是中世纪保存下来的唯一的最初遗迹。

宫内常常兴建新的建筑，直到 17 世纪利奥波德一世用一种优雅的巴洛克风格将它们连接起来。利奥波德翼在哈布斯堡家族垮台前一直是皇室的固定居所。这些豪华的房间随后由奥地利总统使用。

◁ 霍夫堡皇宫是欧洲最美丽的宫殿之一

皇室夫妇

哈布斯堡王朝著名的皇室夫妇生命以悲剧告终

皇帝弗朗茨 · 约瑟夫和他的皇后伊丽莎白（我们仍然亲切地称呼她为茜茜公主）本是表兄妹，他们于1854 年正式结为夫妇。他们是整个哈布斯堡王朝中最令人难忘、最迷人的皇室夫妇之一，他们的故事与霍夫堡息息相关。

尽管弗朗茨 · 约瑟夫迷恋着他的新娘——有人甚至说是痴迷——但据说他对伊丽莎白的情感呵护不够，他们的婚姻并不总是幸福的。他们经常分开，在一起时又会吵架。有一次争吵是因为伊丽莎白的特殊饮食而爆发的，她拒绝了为她特制的甜点，愤怒的弗朗茨 · 约瑟夫大喊道："好吧，把我们利奥波德（厨师）瞎做的垃圾给我。"尽管发生了这些冲突，但当一个无政府主义者在 1898 年刺杀了他心爱的妻子时，弗朗茨 · 约瑟夫还是崩溃了。

△ 花园里有 200 多种玫瑰

人民公园

因美丽而毁灭

19 世纪初席卷欧洲的拿破仑战争改变了欧洲大陆的自然和政治面貌。对霍夫堡的影响可以在人民公园中清晰可见。现在覆盖着绿色植物的地区曾一度用作防御工事，直至 1809 年被法军摧毁。弗朗茨二世颁布法令宣布，随着 1823 年公园向大众开放，这个地方将成为第一片被设计为公共空间的绿地。

为了表现哈布斯堡家族成员对古典世界的热爱，花园里到处都是英雄和仙女的雕像，其中的忒修斯神庙是赫菲斯托斯神庙的缩小版复制品，这是一个特别的亮点。神庙中举办纪念伊丽莎白皇后的活动，相应地，还有一座伊丽莎白皇后纪念碑，两侧有许多玫瑰，花园因此而闻名。

宫廷图书馆（现奥地利国家图书馆）

在宫殿广场上一座雕刻精美的巴洛克风格建筑内，坐落着世界上最非凡的藏书地之一——实际藏书超过 380 万册。

这座图书馆始建于中世纪，当时阿尔布雷希特三世公爵将一批藏书从维也纳的墓穴搬到新建成的图书馆大楼。公爵还开始翻译拉丁文文本，把它们翻译成他的母语德文。图书馆里最古老的书是一部属于公爵的宗教典籍，可以追溯到 1368 年，内容包含 4 部基督教福音书的译文和插图。

因死亡引发奥地利王位继承战争的查理六世，给予图书馆在城堡内的永久保留权。约翰 · 伯恩哈德 · 费舍尔 · 冯 · 埃拉赫是哈布斯堡家族的设计师，他建造了永久性的翼楼，其中一些秘密通道仍然被工作人员用来在图书馆中悄无声息地行动。由于批判文学仅仅是在捍卫知识，而非追求知识，因此科学作品大量涌入图书馆。

除了令人叹为观止的藏书之外，宫廷图书馆中最值得一看的就是现在的华丽厅。它位于图书馆的中央，大厅两侧是各位哈布斯堡皇帝的大理石雕像，而我们今天所知的图书馆的资助者查理六世的雕像从穹顶俯视着来访者，他的雕像与希腊神话中的英雄们并立。

民众议事厅

这个房间就是君主工作繁忙的明证。站在讲台后面，弗朗茨·约瑟夫皇帝每周两次处理臣民的数百份请愿书。案件数量奇多，每件案件的处理时间都被限制在一两分钟——毕竟，皇帝的时间是宝贵的。

弗朗茨·约瑟夫常习惯于让他的朋友们根据他的日程安排做出相应调整，他曾在一封信中写道："昨天我接见了127人，今天我要接见108人。"在他的统治期内，他共接待26万多臣民并听取他们的请愿。

公共宴会厅

玛丽亚·特蕾莎把老歌剧院改造成一个舞厅，以此招待来往的大批客人。在那里举行的优雅的化装舞会是巴洛克风格娱乐的重要组成部分。公共宴会厅至今仍是联合国和其他机构举办大型会议和宴会的地方。

贝多芬的《第八交响曲》于1814年在这里首演，其他著名的当代作曲家，如弗朗茨·李斯特和约瑟夫·施特劳斯都在大厅里工作演出。在20世纪，这个地方丝毫没有失去它的庄严，它是约翰·肯尼迪总统和尼基塔·赫鲁晓夫举行首脑会议的地点。

1992年一场毁灭性的大火之后，奥地利艺术家约瑟夫·米克尔对大厅的大部分做了重新装潢。

皇后的更衣室和健身房

这间豪华的房间是伊丽莎白皇后最私密的空间之一，据说她大部分时间都在这里度过。皇后以精致的发型而闻名，每天她都会和她最信任的美发师范妮 · 菲法利克相处两到三个小时。据皇后的希腊语教师康斯坦丁 · 克里斯托马诺斯所说，范妮身材很是不错：“皇后身后站着一个穿着黑色连衣裙的美发师，裙上缀着一条白色的蛛网花边围裙。虽然她只是个仆人，但也成了皇宫里的一道亮丽风景。”

当范妮工作时，皇后会和克里斯托马诺斯交谈来打发时间，克里斯托马诺斯会为她讲解一些经典作品，如《伊利亚特》和《奥德赛》。皇后博览群书，她在一生中掌握了 7 种语言，毫无疑问，许多语言是在这些晨间探讨中学会的。

房间里还放着伊丽莎白的健身器材，帮助她保持个人形象。这些器材出现在任何一座欧洲宫殿内都是一件古怪的事，再加上她还拥有更大的健身房，伊丽莎白受到了一定程度的指责。尽管如此，皇后还是会在门框里装上护墙条、高杠和吊环来进行日常锻炼。皇后进行以上这些活动时，周围的墙上挂着她的丈夫、她最爱的女儿和她的宠物犬的照片。

餐厅

虽然与我们当代的场所设置相去甚远，但餐厅仍旧是为家庭聚餐即皇帝的直系亲属用餐而布置的。大型宴会只会在皇宫里举行。餐桌的布置总是遵循极其严格的礼仪准则，每一道新餐品都有自己的位置。

一家之主——此处是弗朗茨·约瑟夫——总是面对他的贵宾，坐在桌子的主位。客人只能和身边的人交谈，只有当皇帝放下餐具时，餐会才会结束。不过，饥肠辘辘的客人不必担心，无论如何都会供应9~13道菜。食物从厨房用加热的容器运送，用加煤的锅——后来是煤气锅——来保温。

皇帝的卧室

弗朗茨 · 约瑟夫皇帝不是一个奢靡的人，他过着相当简朴的生活。由于这对皇室夫妇有各自单独的卧室，他在自己的住所里摆了一张朴素的棕色铁床，这与他在欧洲其他皇宫的布置类似。

他是个无药可救的工作狂。他会在每天凌晨 3 点半醒来，在橡胶浴缸里洗浴。如果他前一天晚上参加了一个宴会，他就会多睡一个小时。除了梳妆台、盥洗台和祈祷凳外，房间里没有其他家具。

奥地利的玛格丽特

MARGARET OF AUSTRIA

1480—1530

且看一位欧洲公主是如何在男权社会中左右逢源，成为她那一代最有权势和最杰出的女性之一

尽管如今人们对奥地利的玛格丽特没什么印象，但她是16世纪早期欧洲政治领域最杰出的女性之一。

1480年1月10日，玛格丽特出生于布鲁塞尔，是奥地利大公马克西米利安和他的继妻勃艮第女公爵玛丽的独生女。她是以她母亲深爱的继母——约克的玛格丽特（也是她的教母）的名字命名的，但由于她的哥哥腓力已经出生，她的诞生对王朝影响不大。

作为一名女性，玛格丽特的母亲玛丽在1475年父亲勃艮第公爵查理去世后，一直致力于努力保住自己丰厚的遗产。勃艮第是中世纪晚期欧洲最富有、文化程度最高的国家之一，受到历代法国国王的垂涎，路易十一也借此机会表明自己对勃艮第公国的主权要求。尽管玛丽和马克西米利安的婚姻在某种程度上平息了事态，但1482年3月，年轻的女公爵在一次狩猎事故中猝然离世，事态再度激化。2岁的玛格丽特突然失去了母亲，同时因为坐拥重大政治利益而成为众人追逐的目标。

根据当年晚些时候马克西米利安和路易达成的《阿拉斯条约》（Treaty of Arras），玛格丽特与路易13岁的儿子查理订婚，并被送到法国抚养。这两个孩子于1483年在法国结婚，很快路易死去，他们又成了国王和王后。然而，由于玛格丽特过于年幼，他们并没有生活在一起，只有在这对夫妇圆房之后，儿时的婚姻才具有约束力。玛格丽特在很大程度上是在查理的姐姐、法国摄政安娜·德·博热的监护下长大的：她让玛格丽特第一次体验到，原来女性也可以掌握着如此之大的政治权力。

玛格丽特拥有一个幸福的童年，她从小就是法国公主。她和其他贵族女孩一样受过良好教育，包括未来法王弗朗索瓦一世的母亲萨伏依的路易丝。她也被允许与丈夫共度时光，培养对丈夫的感情。

奥地利的玛格丽特

1480—1530

人物简介

作为奥地利大公马克西米利安的第二个孩子，玛格丽特被迫卷入3次政治婚姻之中。在第三任丈夫去世后，玛格丽特被任命为低地国家的摄政，成为欧洲最有权势的女性。

然而，这段快乐的时光戛然而止，1491年，查理娶了一位女继承人布列塔尼的安娜，断绝了和玛格丽特之间尚未结束的关系。玛格丽特丧失了法国王后的地位和在法国宫廷内的家，同时被驱逐出权力中心并成为她父亲和法兰西交涉的筹码。这对玛格丽特来说是一个毁灭性的打击，从此她便对法国怀恨在心。

然而，玛格丽特的政治重要性并没有随着她与查理婚姻的结束而停止。她的继母将她接回勃艮第（她的继母曾监管玛格丽特的哥哥腓力的成长）。到1493年，约克的玛格丽特成为她年轻的继孙女的监护人，成为引人注目的政治人物。这也是这一时期女性可以行使权力的又一例证。

就在玛格丽特回到尼德兰的同一年，玛格丽特的父亲马克西米利安成为神圣罗马帝国皇帝，接替他的父亲担任这个传统上由哈布斯堡家族成员担任、由选帝侯选出的职务。父亲的皇帝头衔增加了玛格丽特在欧洲婚姻市场上的名望，很快她就成了一次双重订婚的对象：她的哥哥腓力与卡斯蒂利亚的胡安娜订婚，她则与胡安娜的弟弟胡安订婚。作为阿斯图里亚斯的王子，胡安是他的父母——西班牙的斐迪南和伊莎贝拉的继承人。

玛格丽特对第二次联姻的发言权和第一次一样少。前往西班牙的旅程笼罩在暴风雨中，十分可怕，玛格丽特一度写下自己的墓志铭："这里躺着一位心甘情愿的新娘，虽然她曾结过两次婚，但死后还是处女。"当玛格丽特离开祖国进行第一次联姻时，她还不过是个婴儿，但当她于1497她到达西班牙时，她已经17岁了。

"玛格丽特对萨伏依公爵的影响很快就被同时代的人注意到了"

玛格丽特的丈夫胡安被培养成统一的西班牙的第一位君主。18岁的胡安被这位美丽的金发新娘迷住了，她没有明显的哈布斯堡大下巴，这让她在皇室中显得与众不同。胡安和玛格丽特相爱了，阿斯图里亚斯的新王妃很快就怀孕了。

这对夫妇的婚后生活充斥着宴请和娱乐，但这一切很快就让虚弱的胡安付出了代价。他于1497年10月4日去世，终年19岁，仅仅享受了几个月的婚姻生活。斐迪南和伊莎贝拉为失去他们唯一的儿子而悲痛万分，他们写信向玛格丽特的父亲保证："她如你所希望的那样坚强勇敢。"2个月后，玛格丽特生下一个女婴，但这个孩子出生时即夭折了，这无疑加重了这个家庭的悲伤。

玛格丽特又在公婆家居住了2年，学习西班牙语，受到西班牙人民的欢迎。她和注定要成为英格兰王后的小姑子（阿拉贡的凯瑟琳）关系密切，并帮助她学习法语。她也花了很多时间与她的婆婆、虔诚的伊莎贝拉相处——这个女人不仅在多年前从她侄女那里抢走卡斯蒂利亚的王冠，还将以过人的手腕精力充沛地统治她的王国长达30年。

在此期间，西班牙王室又失去了大女儿

△ 玛格丽特的第三任丈夫萨伏依的腓力二世，他再一次让她成为寡妇

◁ 在布尔戈斯的圣玛丽大教堂，奥地利的玛格丽特嫁给她的第二任丈夫胡安

和她的孩子。于是腓力的妻子胡安娜成为她父母王国的继承人，使得哈布斯堡家族的利益在西班牙进一步扩大，特别是在1500年他们的长子查理出生之后。

玛格丽特在西班牙过得很快乐，但她知道自己不可能永远居住在那里。在查理出生的几天后，她回到尼德兰的家，得以参加他的洗礼。玛格丽特仍然穿着代表寡妇的黑色衣服，在尼德兰重新安顿下来。然而，她深知自己不可能永远留在家中，因为她的哥哥和父亲都试图为她安排新的婚姻。

1501年12月，21岁的玛格丽特不情愿

◁ 坐在法国王座上的布列塔尼的安娜，来自 1506 年的一幅微缩画

待字宫中的法国王后

三十年的宗教战争以皇帝的失败告终

玛格丽特在只有 3 岁时就被安排嫁给当时 13 岁的未来法王查理八世。这种完全不考虑新郎新娘意愿的童年订婚在王室中并不罕见。

玛格丽特被送到法国，接受成为王后的相关教育。1483 年 6 月 22 日，她第一次见到自己的未婚夫，然后在第二天嫁给他。2 个月后，当她的公公路易十一去世时，她成了法国王后，但是她太幼小了，便在王室育儿所度过了童年时光。

玛格丽特虽然年幼，但由于其在法国的地位，她很受人尊重。除了被尊称为王后外，她还有 20 名侍女、6 名侍从、1 名神父、1 名司库和其他仆人。她还有许多玩具，包括洋娃娃和奇异的宠物。

年轻的玛格丽特相信她会在法国拥有光明的未来，但事实证明并非如此。1488 年年末，布列塔尼公爵去世，留下他的小女儿安娜作为继承人。新任布列塔尼女公爵只比玛格丽特大 3 岁，她立即与玛格丽特的父亲结盟，试图确保她的领地不受法国控制而具有独立性。然而，1491 年，查理八世入侵布列塔尼，迫使安娜成为他的妻子。

随着查理与布列塔尼的安娜结婚，玛格丽特成为法国王后的希望破灭了。因为她结婚的时候还是个孩子，而且她和查理也没有夫妻之实，所以他们的婚姻可以轻易被判定为无效。当她的父亲和前夫为怎样归还她的嫁妆而讨价还价时，这位失去后位的公主被迫在法国再待上 2 年。1493 年，。尽管玛格丽特表面上与法国王室维持着和睦相处的景象，但她仍对自己被拒绝一事深感愤怒。她的反法政策很大一部分原因源自她童年的悲惨境遇。

◁ 勃艮第的玛丽，画于约 1490 年她去世之后

尼德兰哈布斯堡家族

玛格丽特的母亲勃艮第的玛丽，把尼德兰献给哈布斯堡家族

中世纪著名的欧洲家族哈布斯堡家族以善结姻缘而出名。他们通过婚姻获得了许多头衔和领土，这其中也包括尼德兰。

在中世纪，统治尼德兰的勃艮第公爵以其财富以及宏伟宫廷和宫廷文化而闻名。1477 年，勃艮第公爵“大胆的”查理去世，只留下一个女儿玛丽继承他的爵位。

勃艮第的玛丽是欧洲最富有的女继承人，她立刻引起了法国国王路易十一的注意，他觊觎着她的遗产并入侵勃艮第公国。由于担心勃艮第的独立性受到威胁，玛丽嫁给奥地利的马克西米利安，后者当时是神圣罗马帝国皇帝的儿子。尽管短暂，但这是一次令人惊讶的幸福联姻，它让哈布斯堡王朝（马克西米利安是其中一员）控制了尼德兰。

勃艮第的玛丽死后，尼德兰由她的小儿子腓力继承，然后在 1506 年传给腓力的儿子查理。查理后来在外祖父阿拉贡的斐迪南去世后继承西班牙王位，而在祖父去世后继承了哈布斯堡领土。腓力二世于 1556 年退位时，尼德兰仍与他统治下的西班牙休戚与共。

作为西班牙国王，腓力和他父亲一样，基本上是一个徒有虚名的统治者。因此，他极尽所能地保持对尼德兰的控制权，特别是到了 16 世纪下半叶，许多尼德兰人成了新教徒。

1568 年，尼德兰为反抗西班牙统治而爆发了八十年战争，许多欧洲人认为这场战争的主要起因就是宗教问题。战争得到英格兰新教徒的大力支持，例如伊丽莎白一世就曾向尼德兰叛军提供援助。1581 年，尼德兰各省正式宣布独立，结束了哈布斯堡家族一个多世纪的统治。

“她父亲认为她是‘用男人而非女人的勇气’去战斗的”

地同意了一场新的联姻，并在1501年12月嫁给萨伏依公爵腓力二世。腓力二世绰号“美男子”，十分年轻，比他的新娘还小3个月。当然，这场婚姻是一次外交较量的产物——在马克西米利安就法国问题与意大利发生冲突时，腓力是他的重要盟友。

虽然新娘一开始对这场婚姻并不期待，但这对夫妻很快就坠入爱河。玛格丽特对她丈夫的影响很快就被同时代的人注意到了，他们认为萨伏依的政权在他们婚后两年内很大程度上掌握在她手中。这对夫妇喜欢打猎，而他们的大部分时间都花在宴请和寻欢作乐上。和往常一样，玛格丽特表现出超凡的适应力并在萨伏依安顿下来。但灾难很快降临。腓力在外出打猎后一病不起，于一周后的1504年9月10日去世，终年24岁。

玛格丽特因失去亲人而悲痛万分，随后她回到荷兰。尽管她是3次包办婚姻的受害者，但她也不清楚自己为推进哈布斯堡家族野心所做的联姻是否可以结束了。1504年11月，卡斯蒂利亚的伊莎贝拉去世后，玛格丽特的哥哥腓力与妻子胡安娜一起登上卡斯蒂利亚的王位，这使他与岳父阿拉贡的斐迪南发生冲突。为了巩固自己的地位，腓力私下替玛格丽特做主，安排她嫁给英格兰的亨利七世。在两次成为寡妇后，玛格丽特变得更加独立自信，她拒绝这桩婚姻并宣称“虽然她是一个听话的女儿，但决不会同意这么不合理的婚姻”。爱过3个丈夫，又失去3个丈夫，尽管她父亲亲自请求她嫁给英格兰国王，但玛格丽特再也不想结婚了。

玛格丽特也渐渐地与尼德兰的政坛联系在一起。腓力和胡安娜的婚姻虽然激情四射，却是出了名地不稳固，双方的侍从都向玛格丽特咨询有关两人的分歧问题，还有传言说腓力打算把胡安娜关起来，独自统治卡斯蒂利亚。1506年9月25日，腓力突然在西班牙去世，这一计划也就不了了之。玛格丽特一直深爱着她唯一的手足，她写了一篇悼文表达自己的悲伤，她抱怨说：“恺撒最不幸的女儿失去了她深爱的丈夫，但这还不是全部，可怕的死神还夺走了她唯一的兄弟。”疯疯癫癫的胡安娜也为失去丈夫而悲痛不已。她最终被送到圣克拉拉皇家修道院，在那里度过了余生。

腓力的死让玛格丽特成为马克西米利安唯一幸存的孩子，也成为他最信任的人。马克西米利安拒绝让腓力和胡安娜的孩子们和他一起去西班牙旅行，他把尼德兰的摄政权和孩子们的监护权交给了玛格丽特。1507年3月18日，马克西米利安签发文件，授予他女儿摄政权。于是，她一举成为欧洲最有权

△ 玛格丽特是她心爱的侄子查理的监护人，查理后来成为神圣罗马帝国皇帝

势的女人。

对于出生在尼德兰的玛格丽特来说，她的摄政生涯使她第一次从棋子变成棋手。于梅赫伦建造自己的宫殿之前，她在 4 月身着丧服拜访布鲁塞尔。虽然她代表的是 7 岁的侄子查理（玛格丽特监管他的教育和成长），但她依旧以勃艮第女爵的身份有效地统治着领土。

玛格丽特的家乡是一个多元化的地方，那里共有 17 个省，语言也各不相同。尼德兰是所有欧洲贸易网络的中心，也是神圣罗马帝国和法国之间竞争的中心，新的摄政必须宣誓勃艮第会效忠法王，并筹集资金供给在格德司公爵领参与尼德兰战争的部队。玛格丽特很早就在外交上取得成功，她说服英格兰的亨利七世与尼德兰达成一项新的贸易条约，该条约还包括让她的侄子查理与亨利的女儿玛丽订婚。

△ 玛格丽特和马克西米利安的木版画

英格兰国王愿意默许这件事，部分原因是他一直在追求玛格丽特，但她坚决反对这门亲事。她顽强抵抗着父亲的劝说，马克西米利安于1507年9月写信给她，向她保证："你不会成为英格兰的囚犯。"他还建议她每年回荷兰三四个月，以维持她的统治。

玛格丽特坚定决心不再结婚，她把精力投入到抚养她的侄子和侄女们身上。埃莉诺、查理、伊莎贝拉、斐迪南和玛丽这些孩子因腓力的死和胡安娜的监禁而成为孤儿，只有一个孩子凯瑟琳和她的母亲住在一起。玛格丽特精心抚育着孩子们，她经常写信给父亲，详细介绍他们的日常生活，以及她对孩子们的教育和健康的担忧。她还管理着自己的仆人和侍从，有趣的是，1513年当她与安妮·博林的父亲——英格兰驻她所辖领地的大使——成为朋友之后，年轻的安妮加入了她的服务团队之中。

◁ 法国的查理八世是玛格丽特的第一任丈夫。他抛弃了她，转而爱上富有的女继承人布列塔尼的安娜

虽然玛格丽特一直处于父亲的领导下，但随着岁月的推移，她获得了更多的独立性和权力。在某个阶段她甚至威胁道，如果父亲不默许她的愿望，她将回到她亡夫曾经的属地萨伏依。她还以富有谈判技巧而闻名，1508年在康布雷与法国人会面时，她被邀请代表马克西米利安和阿拉贡的斐迪南（她和侄子查理共同的继承人）参与会面。考虑到玛格丽特的法国婚姻以耻辱的方式结束，当她发现自己因低地国家摄政的身份而在谈判桌上得到平等对待时，她获得了一种带着嘲讽的满足感。

正如她承认的那样，谈判“常常让我们头痛不已”，但她还是胜利了。人们一致认为，在查理成年之前，许多与法国的冲突都被搁置了，格德司问题也被考虑其中。和平终于在1508年12月10日到来，双方同意将注意力转向意大利的战争。

玛格丽特也卷入了与格德司的冲突之中，尽管他们在康布雷进行了讨论，但冲突仍在继续。这场冲突涉及格德司公国及其在勃艮第的地位问题，战争总共持续了约40年。公国最初是由玛格丽特的祖父“大胆的”查理继承的，他的哈布斯堡继承人决心要把它归还。玛格丽特亲自参与包括筹集资金和军队在内的许多军事准备工作。在1511年的一封

△ 法国和瑞士邦联之间的马里亚诺战役，它是康布雷联盟战争的一役

信中，她还向父亲保证，时刻准备着“以便身先士卒”。尽管她在当年晚些时候在文洛围攻战中失败了，但她的父亲认为她是“以男人而非女人的勇气”而战斗。在玛格丽特担任摄政期间，战争从未停止。

玛格丽特也是英格兰和尼德兰联盟的伟大支持者。1513年，她在图尔奈会见她父亲的盟友——亨利八世。这是一个喜庆的日子，玛格丽特收到亨利八世最好的朋友查尔斯·布兰登的求婚，尽管他后来秘密地迎娶了英格兰国王的妹妹。他十分迷人，与亨利八世非常相似，据说他们是同父异母的兄弟。在图尔奈举行的比赛中，他显露出健美的身姿，身披一套装饰有紫色天鹅绒和白银的盔甲，这套盔甲和亨利本人的盔甲一模一样。

布兰登和玛格丽特在图尔奈调情。很快有谣言说摄政和布兰登秘密订婚了，玛格丽特后来愤怒地否认了这些传言。她坚持说她已经告诉过布兰登“不想再步入婚姻之中了”。然而，这是一件令人尴尬的事儿，亨利八世本人也给她写信道歉，承诺一定会找到谣言的来源。

尽管玛格丽特不愿意嫁给查尔斯·布兰登，但她非常赞成侄子查理和英格兰的玛丽·都铎的联姻。因此，当1514年英格兰和神圣罗马帝国的联盟破裂，玛丽·都铎被派去嫁给玛格丽特自幼便认识的法王路易十二世时，她十分伤心。

查理与英国王室联姻的计划泡汤了，但玛格丽特为侄女们的婚礼做好了安排。马

“很快就有谣言说摄政和布兰登秘密订婚了”

克西米利安安排奥地利的玛丽在1514年嫁给匈牙利王子，奥地利的伊莎贝拉在当年晚些时候嫁给丹麦国王。然而，玛格丽特对侄女们丈夫的人选并不完全满意，她写信对父亲说公主们“在婚姻安排上并不顺心”，这让他“大吃一惊”。尽管如此，玛格丽特还是尽了最大的努力。她亲自监督伊莎贝拉的订婚仪式，自豪地给父亲写信说“能看到我的侄女伊莎贝拉出嫁真是太好了”，同时她还写道：“查理表现出了一个好兄长的样子，他亲力亲为，甚至陪着他的妹妹跳了一支完美的舞蹈。”

截至1515年，玛格丽特已经当了8年摄政，查理也逐渐长大成人。在尼德兰越来越多的政治阴谋中，有人呼吁查理独立掌权，领导属于自己的政府。马克西米利安同意了，允许查理在1515年1月8日宣布成年，并开始他对尼德兰的个人统治。

这对一手把孩子带大的玛格丽特来说是一个巨大的个人打击，除此之外，从政治的角度上来说，这也是一个毁灭性的打击。她发现自己被排除在尼德兰权力中心之外，只在象征性的仪式上露面。后来，她在英格兰大使理查德·温菲尔德爵士面前痛哭，抱怨自己丢了面子。1515年8月20日，玛格丽特不得不向查理和他的议会提交一份关于她统治的辩护书，其中解释了她作为摄政所经手的相关活动。

玛格丽特忙于家务、宗教和艺术，但她渴望重返政治舞台。阿拉贡的斐迪南于1516年1月23日去世，查理又继承了西班牙王位，因此他有必要在第二年前往他的新王国。查理开始逐步允许玛格丽特掌权，在他离开后，她实际上又一次成为荷兰的摄政。

1519年1月12日，玛格丽特的父亲去世，此时的她刚满39岁。尽管马克西米利安只有59岁，但以当时的标准来看，他已经是一名十分年迈的实干政治家了。他与女儿的政治关系有时会紧张，但两人的私人关系一直很亲密。尽管她忙着为查理当选神圣罗马帝国皇帝而奔波，但她还是花时间为父亲写了一首诗。

玛格丽特在她最后的岁月里花了很多时间与宗教改革做斗争，同时，她也继续代表她心爱的侄子干练地管理她的祖国。1529年，她还负责与萨伏依的路易丝就《康布雷条约》展开谈判，路易丝是法王弗朗索瓦一世的母亲，自幼与玛格丽特相熟。这份和约是弗朗索瓦在意大利战争中被查理打败后主动促成的，签订这份和约是玛格丽特最著名的成就，也是她作为尼德兰摄政的最后举措。

1530年1月，当玛格丽特50岁时，欧洲几乎没有人的政治成就能与她的相媲美。当年晚些时候，她被掉在拖鞋里的玻璃碎片划伤，被告知必须截肢以防止感染。1530年12月1日，玛格丽特因意外服用过量麻醉剂而死亡。

那一代最杰出女性的人生和事业轰然落幕。

△ 尽管最初被当作政治棋子，但奥地利的玛格丽特后来成为她那个时代最有权势的女性之一

奥地利的炼金术士

THE ALCHEMIST OF AUSTRIA

1552—1612

学者、天真的傻瓜、政治远见者、怪人还是纯粹的疯子？鲁道夫二世皇帝自古至今一直让人捉摸不透

他出生于16世纪的哈布斯堡家族，生来就伴随着强大的政治权力、领土责任和不幸的遗传问题。这个问题是试图维护权力和责任的直接后果——简单来说，哈布斯堡家族认为，保持领导地位的一个方法就是内部通婚。他们不知道的是，随着时间的推移，近亲繁殖会导致孩子产生生理和心理缺陷。

1552年7月18日，鲁道夫出生在奥地利维也纳，他的父母是神圣罗马帝国皇帝马克西米利安二世和西班牙的玛丽亚，他是这种有意为之的血缘政策的受害者。在他母亲的家族中，80%的婚姻都是近亲结婚，这其中也包括鲁道夫的父母，他们都是卡斯蒂利亚的"疯女"胡安娜的孙辈。胡安娜为什么有这样一个绰号？历史学家们为此争论不休，但是，不管出于什么原因，她患有抑郁症，或者像当时人们所知道的那样，表现得极度忧郁。鲁道夫也有同样的情况。

1563—1571年间，他被迫在西班牙逗留，这没有为他带来丝毫幸福感。他早年在奥地利帝国宫廷中相对自由的氛围里度过——他的父亲统治着一个拼凑而成的帝国（其中一些国家的官方教派是路德教派或加尔文教派），他学到了实用主义的政治艺术。然而，鲁道夫的西班牙母亲是在她父亲查理五世皇帝和她的兄弟腓力二世统治下的狂热天主教宫廷氛围中长大的。她坚持让鲁道夫在古板、虔诚的西班牙政权下完成学业。

鲁道夫二世（Rudolf Ⅱ）

1552—1612

人物简介

鲁道夫注定要继承神圣罗马帝国的皇位。1572—1608年，鲁道夫还成为匈牙利和克罗地亚的国王；1575—1611年成为波希米亚国王；并且在他于1612年去世之前担任德意志国王。

当他回到奥地利老家时，这位神圣罗马帝国的继承人变得沉默寡言、性格内向、离群索居，与国家事务相比，他对追求自己的爱好更感兴趣。不足为奇的是，这位储君并不喜欢处理复杂的政治和宗教问题，而他宽容的父亲和狂热的母亲对这些问题的态度截然不同。

鲁道夫的爱好很多。他接受了文艺复兴时期“完人”的观念，即要成为一个完整的人，就必须获得尽可能多的知识和经验，他得到的教育应是全面而充分的。他可以用所有必要的语言来统治他的多语言帝国，并与大使交谈。他还十分痴迷于艺术，拥有大量的收藏。

在一个学者以各种方式追求“科学”或曰知识的时代，在他看来，天主教徒和路德宗教徒之间的争吵是徒劳的。在鲁道夫的一生中，乔尔丹诺·布鲁诺修士在罗马被烧死，因为他坚持认为宇宙是无限的，另一项罪名则是招魂；第一台天文望远镜被发明出来；苏格兰国王詹姆士六世写了一本巫术手册；英格兰大法师约翰·迪博士在外国宫廷巡回展示炼金术实验；伽利略和他的对手正在就日心说激烈地展开辩论。人类对自然的不断探索吸引了这位年轻的皇帝。

1576年，鲁道夫登基，随后立即陷入欧洲政治的旋涡中。在他加冕后的几天内，“西班牙狂怒”的消息传来——这是腓力二世对安特卫普“异端”臣民反抗其统治的反击。6000名公民被屠杀，所有结束反抗尼德兰哈布斯堡家族统治的战争的希望都化为泡影。这起暴行并没有直接涉及维也纳政权，但它确实在鲁道夫的领土上产生了巨大反响。

第二年，天文观察家们对一颗大彗星的出现感到震惊，传教士们把它称为厄运的预兆。果然，维也纳遭受地震和瘟疫的肆虐。皇帝试图通过对新教徒的宽容政策来避免政治灾难，但是几十年的暴力和不信任扼杀了所有潜在的妥协可能，他又重新走上了镇压的老路。

鲁道夫的政治决策和他自己的生活方式一样矛盾。他对天主教的信条和宗教仪式不甚重视，却试图与罗马保持良好的关系。他从未结婚，但有很多情妇，甚至深陷同性恋的传言之中。政权对他没有任何吸引力，他疲于应付，结果导致了精神和身体的双重崩溃。他一生中唯一高兴的时刻便是在1582年他虔诚的母亲离开西班牙，住进女修道院。

第二年，鲁道夫逃离来自维也纳的压力，将宫廷搬到了布拉格城堡。在那里，他被画家和历史学家卡雷尔·范·曼德尔称为“当今世界上最伟大的艺术赞助人”。

鉴赏家是一个相对较新的流行职业，他们会赞助艺术家、音乐家、科学家以及有旺盛求知欲的人。富有的收藏家不再仅仅把艺术品看作是装饰宫殿的物品。奥地利哈布斯堡家族培养了两个新的艺术爱好者——鲁道夫和他的叔叔，即当时的斐迪南二世大公。正是后者创造了“珍奇屋”（wunderkammer）这个词，意思是“奇迹之屋”。据历史学教授乔伊斯·尤因斯所言：“无论是工匠们巧妙的设计还是由大自然的神秘力量所创造，他们的收藏都会让观众眼花缭乱、惊叹不已。金匠和银匠精雕细琢，将他们的作品镶嵌上各种宝石，与自然界的珍宫并列陈放，如独角鲸的角（实际上是独角鲸的獠牙）、异国海域

▽ 马蒂诺·罗塔所作，鲁道夫早期作为神圣罗马帝国皇帝统治时（1576—1580）的肖像

“鲁道夫的艺术收藏包括近 3000 件绘画和雕塑作品”

的贝壳、弯曲有致的珊瑚（被认为是一种神的雕塑）和一些大自然奇物。乐器和科学仪器、硬币和奖章、书籍和法典、武器和盔甲以及自动机，都在珍奇屋里占有一席之地，他们野心勃勃，试图在一个单一的收藏范围内重现宇宙的无限多样性。”

鲁道夫的艺术收藏品包括近3000件绘画和雕塑作品，其中大部分都是向公众展出的。这些“奇迹”的集合是后来伟大的画廊和博物馆的前身。

多年来，布拉格城堡接待了许多陌生的游客。今天，我们可以简单地区分科学和迷信，但在鲁道夫的时代是不可能的。那时，学者们热切地研究炼金术和占星术。虽然如今我们知道这都是无用之功，但要他们放弃这些研究领域还需要很多年——尽管当时炼金术和占星术已经产生了宝贵的副产品。

鲁道夫招来的第一个名人术士是约翰·迪，他是一位天才数学家，对航海的发展做出了贡献，同时，他也是英国伊丽莎白一世的官方占星师。他兴趣广泛，对包括喀巴拉即犹太神秘主义在内的学说着迷。1583年，迪周游大陆，传播他对高级（神秘）知识的看法。当时的报道这样写道：

“迪博士是一位博学且享受盛誉的英格兰人，他来到布拉格看望鲁道夫二世并受到欢迎。他预言基督教世界不久将出现一场奇迹般的改革，其结果不仅是君士坦丁堡城的毁灭，还有罗马的毁灭。”

但给皇帝留下更深刻印象的是迪的同伴爱德华·凯利。他极有可能是一个骗子，让迪相信他是一个“占卜师”，一个灵魂的魔术师。当凯利试图说服他的同事，天意指示他们交换妻子时，这两个人最终闹翻了。

迪回家了，但凯利继续着他那有利可图的职业生涯，用他那蛊惑人心的胡言乱语欺骗客户。他大胆宣称能够将贱金属变成黄金，给皇帝留下了深刻的印象，鲁道夫对他的自吹自擂感到厌烦，最终把他锁在一座城堡里，命令他拿出实验成果来。

就在同一时间，鲁道夫将一位更令人印象深刻的专家——丹麦天文学家第谷·布拉赫迎到布拉格。这位富有的学者多年来一直致力于天文学的研究和测量，他一直雇用一支工人队伍来制造能够绘制天体运动图的仪

赫耳墨斯主义

鲁道夫是这个特别深奥的古老传统的热烈追随者

鲁道夫的世界观很可能是没有哲学基础的。他是一个涉猎者，一个思想池中的垂钓者，一个前卫思想家的鼓励者，他喜欢学者和艺术家围在他身边为他打开隐秘甚至是禁忌的知识之窗。在所有吸引他的信仰体系中，没有一个比文艺复兴时期的赫耳墨斯主义更吸引人的了。

赫耳墨斯主义被认为是由三重伟大的赫耳墨斯（Hermes Trismegistus）在远古时代创立的，它早于鲁道夫生活的世界上的宗教，并提供一种比犹太教、伊斯兰教或其他相互竞争的基督教教派更纯粹、更全面的“根神学”（上古神学）。它提出一种以太阳为中心的宇宙观，其中人是宇宙的缩影，宇宙是宏观的人。通过阅读赫耳墨斯的《秘义集成》，精通之人可以接触到神圣的力量，与灵魂交谈，掌握天堂之中俗世之外的奥秘，并与所有受造物的基本要素和谐相处。

占星术和炼金术是鲁道夫试图探索的道路，他希望借此获得更高层次的智慧。所以，皇帝会回避教堂仪式，蔑视天主教徒和新教徒之间的争端，也就不足为奇了。

▷ 一枚刻有 1604 年鲁道夫二世肖像的硬币

器。他发展了自己有关地球和太阳的相对运动理论，但他的动机并不是追求“纯”科学——他是一名占星师，深信精确的测量是正确预测星座的关键。

这位傲慢而古怪的贵族学者在国际上享有盛名，1597 年，当第谷·布拉赫与他的赞助人、丹麦的克里斯蒂安四世闹翻时，鲁道夫很快就成为他的新赞助商。鲁道夫为他提供了一座城堡和他继续工作所需的一切，但鲁道夫与布拉赫的缘分可比不上他与凯利的缘分。1601 年，布拉赫死于泌尿系统感染——他真的死了吗？在推卸责任的过程中，谣言很快就传开了，人们都说他是被人奉基督教国王的命令谋杀了。

这样的故事很容易让人相信，因为学者和赞助人拒绝受到习俗的约束，他们在自己光怪陆离的世界中以独特的方式生活着。布拉赫豢养了一个据说拥有特异功能的宫廷小丑。鲁道夫则私生活放浪，他允许一只老虎

△ 一枚 17 世纪的纪念章，描绘鲁道夫二世被和平、战争和选举人所环绕

▷《维尔图努斯》，1590 年由朱塞佩·阿尔钦博托创作

“艺术家和经销商聚集在布拉格，希望能售卖作品或获得赞助”

和一只狮子在他的城堡里自由游荡，因此他不得不经常在仆人和客人被抓伤时给予赔偿。

皇帝继续受到莫名其妙的情绪波动和暴躁脾气的影响。这并没有使他轻松地应付与其职位相关的繁复的政治责任。他无法理解天主教徒和新教徒之间的分歧，但他相信通过帝国法令可以使二者达成和解。1600年，他向波希米亚的新教诸侯们做出重大让步，两年后又进行军事干预，迫使他们屈服，这表明他的政权并不稳定。鲁道夫的无能使得他的几位大臣把越来越多的目光投向他厌恶的弟弟马蒂亚斯。

与此同时，收藏品的数量持续增长。随着鲁道夫作为艺术赞助商的声誉不断扩大，艺术家和经销商聚集在布拉格，希望能售卖作品或获得赞助。皇帝的热情也引起了外国统治者、文官及外交官的兴趣。毕竟，有什么比送给隐居的皇帝一件来自国外的礼物更能吸引他的呢？布拉格的礼物是由板条箱运来的——一个普法尔茨选帝侯赠送的象牙坛、一个银行家族富格尔家族成员赠送的希腊石棺，以及纽伦堡市民奉上的十分珍贵的丢勒所绘圣三位一体。

几年来，监管鲁道夫宫廷文化生活的主要人士是米兰艺术家朱塞佩·阿尔钦博托，他无疑是那个时代最特立独行的原创画家。他的专长是用其他物体创作肖像画。他把鲁道夫描绘成罗马四季之神维尔图努斯，用水果、鲜花和蔬菜拼凑而成。这不仅仅是一种奇怪的创作手法——就像许多文艺复兴后期的艺术一样，它包含了一些入门者很容易识别的典故。阿尔钦博托认可鲁道夫是永恒帝国的代表，就像四季循环一样永恒。

更重要的是，维尔图努斯和罗马神·赫耳墨斯一样，与炼金术和精神交流密切相关。阿尔钦博托的主要工作任务是赞颂皇帝。在他任职期间，他设计服装、舞会背景和狂欢节的豪华花车。有些游行队伍可以持续表演好几天。

鲁道夫委托创作或受赠的画作都有一个明显特点，那就是富含“情欲”。苏格兰小说家约翰·巴克利曾描绘一位年老的皇帝在城堡里踱来踱去，饶有兴致地观赏他的“情色画”。鲁道夫最喜欢的艺术家很了解他们这个好色主人的品位，并为他提供各种寓言画，画中的女神体态停匀，充满了挑逗意味。

但并非所有的收购都饱含热情。鲁道夫收藏的杰作之一是老布鲁格尔的《对无辜者的大屠杀》。它描绘了希律王屠杀伯利恒及附近所有两岁以下的儿童，以确保除去襁褓中的耶稣（预言中的万王之王）的场景。老布鲁格尔这位民族主义艺术家把场景转移到佛兰德斯，展示西班牙士兵所犯下的暴行。这种反哈布斯堡的宣传显然令人尴尬，所有的

◁ 德克·卡德·范·拉维斯泰因的《维纳斯骑驭森林之神》

“鲁道夫的收藏品被尘土掩埋，有些已经腐烂了”

谋杀事件都用颜料抹上遮盖了，这大概是鲁道夫的命令。

布拉格的藏品如此之多且受皇帝品味的支配，以至于它被认为是一所独特的“学校”——鲁道夫的矫饰主义。矫饰主义是文艺复兴后期艺术的一种表现手法，它用夸张的形式和色彩取代自然主义，鲁道夫的艺术家们尽可能地将其发挥到极致。

皇帝的政治命运也在走向尽头。帝国所面临的问题使任何一位在办公桌上专心致志工作数小时的统治者耗费巨大心力。除了天主教徒和新教徒相互的矛盾要求以及奥斯曼土耳其人入侵东部边境之外，鲁道夫不得不应对马蒂亚斯在教皇的怂恿下持续酝酿的阴谋。

由于皇帝对婚姻顽固抵触，他唯一的合法继承人便是他急于登上皇位的弟弟。1593年，鲁道夫发动了一场对抗奥斯曼帝国的灾难性战争，这场冲突持续了13年，造成了极大的人员伤亡，这使皇位更迭变得势在必行。现在，皇帝的身心健康都在崩溃中。他频繁地发脾气，然后还突发奇想地解雇并重新安置议员，越来越信任他的艺术家和与他一样的神秘主义狂热爱好者。

“……皇帝被施了魔法，与魔鬼结盟。有人给我看了国王陛下与黑暗王子本人交谈时坐的椅子。我见过国王陛下召唤亡灵时用的小铃铛……”

关于这位上了年纪的皇帝的谣言就是这样传开的，不难看出人们为何对此深信不疑。鲁道夫饱受折磨的心灵使他对天主教仪式产生了病态般的恐惧，他甚至砸碎一扇彩色玻璃窗，试图用碎片刺伤自己。在这种情况下，马蒂亚斯不需要做任何事情来证明政权更迭的必要性。1611年，他说服帝国议会要求鲁道夫退位。不到几个月，“巫师皇帝”鲁道夫就去世了。

鲁道夫的收藏品蒙上了尘垢，有些已经腐坏。他的继承人卖掉了他的大部分艺术品，而在那场毁灭性的三十年战争中，一支侵略军掠夺了其他艺术品。时尚巴洛克运动的倡导者们抛弃了矫饰主义，科学也抛弃了炼金术和占星术的幻象，这些都曾让皇帝着迷。事实证明，他对天主教和新教和解的梦想就像他对一个封闭的世界宗教的猜测一样昙花一现。那么，鲁道夫二世悲剧的一生有什么闪光点吗？

作为文艺复兴晚期的杰出赞助人，他值得人们铭记。如果没有富有支持者的资源、鼓励和信念，艺术和科学的发展肯定会更慢。1600年，29岁的格拉茨学者约翰内斯·开普勒（Johannes Kepler）来到布拉格，担任第谷·布拉赫的助理。布拉赫在第二年猝然离世，之后开普勒成为鲁道夫的宫廷数学家和占星师，一直留在布拉格，直到1612年皇帝去世。

在 1627 年，开普勒利用布拉赫编撰的关于恒星运动的海量信息，出版了鲁道夫星表（Rudolphine Tables），该表绘制了近 2000 个天体的运行轨迹，并将其与日心学说联系起来，日心学说当时已被承认为理解太阳系的基础。

但这只是开普勒非凡成果的一个方面。他的作品在现代被翻译成 22 卷，涵盖了天文学、几何学、光学、物理学和对数等领域。他描述了木星的轨道和雪花的结构。他甚至写了一篇关于登月的故事，这算得上是第一部科幻小说了。鲁道夫二世为这位科学天才保驾护航，值得人们纪念。

◁ 这个发条驱动的地球仪是为鲁道夫二世的收藏室制作的。一种内部装置驱动了天体的自转

▷《忧郁症》，1514 年阿尔布雷希特 · 丢勒的一幅版画

16 3 2 13
5 10 11 8
9 6 7 12
4 15 14 1

死亡与衰落

Death & Decline

三十年战争 134
结束的开始? 148
维也纳战役 154
鹰之决斗 158
瓦尔密之战 167
1803年的《帝国代表重要决议》 180
奥斯特利茨之战 184
1806年后存续 196

三十年战争

THE THIRTY YEARS' WAR

1618—1648

神圣罗马帝国皇帝权威的垂死挣扎引发了争取宗教自由的终极斗争，这让欧洲陷入困顿之中并夺去了数百万人的生命

17 世纪初的欧洲正处于备战阶段。西班牙王国打算征服尼德兰北部，法国决心进行阻止。西班牙和主要包含如今德意志领土的神圣罗马帝国都被强大的哈布斯堡家族成员统治。法兰西王国的统治者是哈布斯堡王朝的劲敌，所以它夹在西班牙哈布斯堡王朝和神圣罗马帝国之间，腹背受敌。法国怀疑西班牙军队另有所图，决心阻止它向尼德兰进军，并在法国边境附近夺得更多领土。

除了王国之间的领土争夺外，宗教信仰也给欧洲局势带来了新的摩擦。自 1517 年宗教改革以来，新教及其两大教派路德宗和加尔文宗的教义在整个大陆传播开来。新教徒的激增使不同国家之间和各国内部的关系走向破裂。意大利、西班牙、法国、波兰、匈牙利和其他国家仍将传统天主教作为国教。与此同时，英国、丹麦、瑞典和尼德兰北部已经皈依新教。然而，在国家边界内，半独立地区与信仰基督教的地区发生冲突。

这种对抗在神圣罗马帝国中相当激烈。参与皇位竞争的 6 位德意志诸侯（及波希米亚选帝侯）信奉天主教和新教的各占一半。事实上，他们的分歧越来越大，诸侯们已经分裂成两股对立的力量，分别称为新教联盟和天主教联盟。在位

的马蒂亚斯皇帝和他选择的继任者斐迪南二世大公没有认识到新教徒日益增长的威胁，反而计划压制他们的宗教自由。因此，当欧洲各国密切关注法国、西班牙和尼德兰，期待着一场即将到来的战争时，他们却惊讶地发现，冲突没有在西方爆发，反而在布拉格爆发了。这场暴乱的导火索是愤怒的暴徒将一些帝国议员从窗户扔了出去，这一事件后来被称为“布拉格抛出窗外事件”。

作为马蒂亚斯的继任者，斐迪南会继承波希米亚王国，这个王国大致位于如今捷克共和国和斯洛伐克的边界上。意识到斐迪南采取激进的天主教政策之后，民众（包括天主教徒和新教徒）在1618年寻求信仰自由，即他们有权继续信奉他们认为合适的宗教。他们即将就任的新国王同意签署条约，确保这一权利的正当性，希望以此安抚民众，防止暴乱。

然而，帝国统治者很快就露出虚伪的一面。他们阻止波希米亚村民建立新教教堂，对执意不从者加以监禁。民众很快在惊愕中团结起来，决心摆脱哈布斯堡家族的统治。

古斯塔夫 · 阿道夫

这位瑞典国王因其军事革新和军事功绩而被誉为现代战争之父

1611年，古斯塔夫 · 阿道夫登上瑞典王位。摆在古斯塔夫面前的是一个贫穷的国家和一支更穷的军队，但他很快将他的农民新兵变成欧洲最精锐的战斗部队之一。他意识到骑兵是他的弱点，于是重组军队，最大限度地提高步兵和炮兵的火力。他在前线布满火枪手，训练他们轮番齐射，以达到最大的射击效率。每一个步兵团都另外配备了一个小型的移动炮台，可以根据需要随士兵一起在战场上辗转。古斯塔夫还在他的骑兵队伍中安排了火枪手，在那里他们可以用短程齐射来击退敌人的冲锋。

在1626—1629年的波兰－瑞典战争中，阿道夫增强了自身的军事实力，并借此签订了和平条约，保障了边境安全，获得了相关经济利益。这让他为对抗斐迪南皇帝和天主教联盟而展开的三十年战争做了充分准备，他用经验丰富的老兵和创新的战术扭转了德意志新教事业的命运。在赢得多次重大战役后，1632年，他与部下在吕岑会战的前线共同作战，结果不幸阵亡。据传，当一名敌军士兵拿枪指着受伤的国王并询问他名字时，他用最后一句话接受了自己的命运：“我是瑞典国王。”

△ 瑞典在布赖滕费尔德战役中的胜利为新教事业注入了新的活力

△ 这场三十年战争始于 1618 年“第二次布拉格抛出窗外事件”

“西班牙人很轻松就在腓特烈的普法尔茨地区站稳脚跟”

愤怒的市民袭击了首都布拉格，一支过于狂热的队伍认为谋杀马蒂亚斯的官员是向皇帝表达诉求的最好方式。他们爬上楼梯抵达官员的办公室，把尖叫的受害者扔出窗外。尽管从大约 20 米的高处落下，但 3 个人都活了下来。无论他们认为自己得以幸存是因为神的干预（正如天主教徒后来兴高采烈地宣称的那样），还是因为他们偶然落在了软粪上，历史都已将其遗忘。不管怎样，他们撤退了，让新教徒在接下来的日子里夺取政权并宣布独立。叛乱开始了。

接下来的事情对欧洲的未来至关重要。波希米亚孤立无援且无人指挥，几乎没有机会维持其自由，因此努力争取让新教徒贵族接过王权。德意志诸侯兼普法尔茨选帝侯腓特烈五世就是他们可选的人。作为一名新教徒，他同情波希米亚人的困境，并且他并不支持天主教皇帝选定的继任者斐迪南。腓特

△ 布拉格旧城广场上的这些十字架代表 27 名反叛的头目，他们是在城市被夺回后被斐迪南的军队处决的

△ 蒂利是一位屡战屡胜的天才将军，但他因马格德堡之役而晚节不保

烈决定接受这一职责，在马蒂亚斯皇帝最终病倒之后，他于 1619 年年底前往布拉格。

在斐迪南即将举行加冕典礼之际，腓特烈的宫廷大臣曾希望他宣布支持新教事业，并令其他欧洲新教领袖听从他的号召。令人失望的是，起初其他国家很少施以援手，甚至连德意志新教联盟也只是勉强接受了他的请求。但这位新国王并不孤单。当地一个名叫图恩（Thurn）的波希米亚领导人征召了一些人并组建了一支军队；特兰西瓦尼亚的诸侯加布里埃尔・百瑟伦将很快兑现他的承诺；萨伏依公爵表示愿意分担装备一支专业雇佣兵部队的费用。这支新部队由恩斯特・冯・曼斯菲尔德指挥，正是曼斯菲尔德代表腓特烈成功以迅雷之势对皮尔森展开了围攻。

按照计划，斐迪南大公将于 1619 年 8 月 28 日当选为皇帝，他登基后的第一件事就是大大封赏天主教联盟领袖——巴伐利亚选帝侯马克西米利安，并剥夺腓特烈代表他率军入侵波希米亚的权力。与此同时，西班牙人几乎不费吹灰之力地在腓特烈抛弃的普法尔茨地区建立了他们的立足点。他们的军队突然入侵，不久就包围了美因茨，并在这片重要的领土上站稳脚跟，随时准备入侵信仰新教的尼德兰。

1620 年 9 月 26 日，马克西米利安的军队在蒂利伯爵的指挥下进入波希米亚。恩斯特・冯・曼斯菲尔德的部队有一段时间没有从腓特烈那里得到报酬，因此他不愿意向雇主施以援手，而是耐心地在皮尔森等待一份新的契约。11 月 8 日，在匈牙利分遣队的增援下，图恩的部队在波希米亚首都布拉格郊外的白山对抗蒂莉伯爵和帝国军队。被征召入伍的

△ 马蒂亚斯的大臣们从距顶部窗户 20 米的地方坠落下来后奇迹般的活了下来

波希米亚人无法与帝国军队相匹敌，看到自己一方的骑兵撤退后迅速四散而去。腓特烈战败后于当晚逃离首都。马克西米利安占领布拉格，并迅速向皇帝传递胜利的消息。

腓特烈的政变可能并不成功，但他决定放弃普法尔茨的举动，为哈布斯堡家族入侵尼德兰打开了大门。这个流亡的国王拒绝放弃对波希米亚的主权，从而延长了战争时间。他设法鼓动新的追随者加入他的军队，但他们在成为一支具有威慑力的队伍之前就被蒂利伯爵打败了。

尽管蒂利领导下的马克西米利安军队对斐迪南皇帝来说是无价之宝，但他不满于过分依赖于天主教联盟。幸运的是，一个名叫阿尔布雷希特·冯·瓦伦斯坦的人为他提供了一条摆脱困境的途径。瓦伦斯坦是一名低阶贵族，他通过与一个富有的寡妇结婚而积累了大量财富，因为妻子死后把财产留给了他。作为一名指挥官，他赢得了赞誉，斐迪南要求他以他的名义组建并领导一支军队。瓦伦斯坦接受了他的提议，并在短时间内于德绍桥（位于今天的德意志东部）率先切断并击败曼斯菲尔德，曼斯菲尔德随后向南逃窜。在接下来的几个星期里，这位年迈疲惫的将军病倒了，腓特烈军队在战场上的希望也破灭了。

1625年，丹麦在国王克里斯蒂安四世的领导下，决定加入这场战争。丹麦君主担心他的对手瑞典会参与新教徒的战斗并最终要求获得整个巴尔干海的统治权，因此决定抢占先机。当瓦伦斯坦追捕曼斯菲尔德时，克里斯蒂安的部队正在与蒂利玩猫捉老鼠的游戏。丹麦国王发现自己被巴伐利亚的指挥官击败了，在试图撤退的时候，他被迫背水一战。丹麦军队的大炮比对手多，但他们没能很好地利用这一优势。步兵集合后，蒂利的骑兵成功包抄克里斯蒂安的士兵，用钳形攻势将他们消灭。

克里斯蒂安带着他七零八落的军队向北逃去，瓦伦斯坦袭击曼斯菲尔德也得胜而归。他与蒂利联手，但拒绝成为其下属。两支天主教军队展开追击，进入丹麦控制的霍尔斯泰因公国的北部并将其占领。瓦伦斯坦因其卖力征讨而被授予梅克伦堡公爵的头衔，这让蒂利和马克西米利安非常懊恼。

三十年战争开始近10年后，新教徒还没有赢得任何重大战役。但风向很快就变了。1628年7月，瓦伦斯坦盯上了德意志东北部的港口城市施特拉尔松。施特拉尔松由5000名雇佣兵、征兵和公民守护着，在围困期间得到瑞典的增援，这代表王国进入了战争状态。天气也对瓦伦斯坦十分不利，大雨的到来冲走了他夺取城市的梦想，他的部下无法在洪水中发动有效进攻。

瑞典乱作一团对新教徒来说是一个得到命运眷顾的时机，因为克里斯蒂安和他的6000名士兵即将再次被瓦伦斯坦击败。战败后，丹麦国王被迫签署条件仁慈的《吕贝克和约》——只要他在余下的战争中保持中立，就仍然可以享受所有头衔。

天主教军队高歌猛进，斐迪南皇帝认为1629年是颁布《归还敕令》的绝佳时机。这一法令是帝国内部对新教徒挑衅，因为它禁止新教徒统治信仰天主教的土地。德意志新

▷ 诺德林根见证了瑞典军队的覆灭，这扭转了战争的进程，使之向着有利于天主教徒的方向发展

教徒的诸侯们对这种侵犯他们自由的做法感到憎恶。1630 年，他们在雷根斯堡举行议会会议，呼吁进一步讨论这项法令。斐迪南坚决要求保留这项法令，但他为此付出了巨大代价，因为诸侯们要求剥夺瓦伦斯坦的指挥权，并解散帝国军队。但斐迪南限制宗教自由的决心十分坚定，所以同意了这些严厉的条款。

瑞典国王古斯塔夫·阿道夫参战既有政治动机，也有宗教动机。他是一名新教徒，但更为紧要的是，他担心哈布斯堡家族会帮助波兰 - 立陶宛联邦夺取后者觊觎的瑞典王位。他决定先发制人，迅速在巴尔干半岛的德意志一侧站稳脚跟，并于 1630 年夏末签署《斯德丁条约》，正式控制了毗邻大海的波美拉尼亚。

尽管没有准备好参加实战，法国却同意提供资金支持瑞典的战事。突如其来的财富

“蒂利对老练的瑞典士兵很警惕，派遣他的大部分士兵去和德意志人交战”

△ 战争初期，阿尔布雷希特·冯·瓦伦斯坦是斐迪南皇帝最倚重指挥官，但与新教徒进行秘密和谈后，他失去了皇帝的青睐

罗克鲁瓦战役

恩吉恩公爵的至高荣耀

1643年5月19日，年轻的法国贵族恩吉恩公爵只有21岁。他刚刚得到消息说，法国国王因病去世，但他更担心的是1.8万名西班牙步兵和8000名骑兵正集结在他和罗克鲁瓦镇之间。法国和西班牙军队在黎明前的黑暗中列队，恩吉恩在日出时发出了进攻的信号。

西班牙指挥官梅洛在一片狭长的林地里部署了一队火枪手来掩护他的左翼。他们很容易就被驱逐出去了，恩吉恩攻击了现在无人看守的侧翼，而他的步兵则攻击敌方中军，并向敌人的右翼发起进攻。恩吉恩击溃了他的对手，但他发现自己的侧翼在遭受攻击，中军还在苦苦挣扎。年轻的指挥官派出一些部队去追击逃散的敌军，而他本人则率领一支勇猛的队伍向敌方中军发起进攻。他驾马冲破西班牙防线，冲向德意志、意大利和瓦隆部队。这些人很快就撤退了，恩吉恩转而猛击梅洛的右翼。

意识到自己被包围之后，梅洛逃走了。尽管士兵们被抛弃了，但他们仍旧在绝望地反抗。西班牙士兵群龙无首，通往和平的道路开启了。

△ 恩吉恩公爵的大胆冲锋扭转了战局，使法国人得以包围西班牙人

使阿道夫的军队扩充至超过3.6万人。

德意志新教徒不知道该如何面对瑞典的介入。他们对斐迪南皇帝的新法令不满，但也不认同存在什么外国“解放者”，而仅仅把他看作一个侵略者。后来，1631年5月20日，蒂利残酷地下令洗劫马格德堡，无意中帮助他的敌人将分歧暂放一旁，同仇敌忾。在4天的时间里，他的军队横扫整个城市，无情地砍倒士兵和平民，将建筑物付之一炬。欧洲各地的新教徒和温和派对这种肆无忌惮的暴行感到震惊，他们携手并进，这一举动最终鼓励德意志新教诸侯与瑞典人联合，从而使他们的联合军队扩充至约6万人。

尽管蒂利只有大约3.5万名士兵，但他还是迫不及待地在莱比锡以北的布赖滕费尔德村与瑞典-德意志联军对阵。瑞典人及其盟友德意志军分头行动，德军占据左翼。蒂利提防着瑞典士兵，因此无视他们，转而与德意志人交战。他的计划最初是成功的，德意志新教徒在帝国的进攻下崩溃了。然而，训练有素的瑞典军队迅速加入战斗，向前推进与他们交战。

与此同时，阿道夫亲自率领一支勇猛的冲锋队击溃蒂利的炮兵部队，向帝国防线开火。瑞典自己的大炮被拖到另一边，很快炮弹和火枪就像雨点般落在帝国军队士兵的身上，造成毁灭性的伤亡。蒂利被彻底击败。

1631年年底之前，新教徒占领法兰克福、美因茨和海德堡，而其中一名德意志新教徒将军也成功入侵波希米亚并夺回布拉格。

1632年春，竞选季重新开始，阿道夫奋力追击蒂利，发现他的军队驻扎在雷

恩城附近（如今的巴伐利亚）。一条河把阿道夫和敌方军队隔开，但作为一个精明的战术家，天赋使然，他能够利用地形优势。他用派出一队诱饵，让蒂利以为他会采取直接横渡河流的战术，实际上他派遣小分队在沿河的两个不同地点同时登陆。这个计划很成功，蒂利在战斗中被一颗炮弹炸伤致死。这是瑞典的又一次胜利，也是帝国军队的又一次惨败，帝国军队现在没有忠诚的常备军了。

由于西班牙军队仍在尼德兰作战，皇帝别无选择，只好召回瓦伦斯坦。这位退伍军人接受召唤，在几周内组建出一支军队，到1632年5月时，已将布拉格从新教徒手中解放出来。随后，他带着3.2万人向西进军，吸收了蒂利军队的残余力量，迎战瑞典人。阿道夫和瓦伦斯坦第一次在纽伦堡相遇，但他们决定性的相遇将发生在1632年11月的吕岑。

到1632年冬天，瓦伦斯坦把部分士兵安置在冬季营房，他猜测瑞典人不会在这么晚的时候采取进一步行动。在撤退到吕岑以度过最冷的几个月后，瓦伦斯坦用战壕加固阵地，并将他的炮兵部署在坚固的防御阵地上。在剩下的1.6万名士兵的保护下，这个城镇成

马格德堡大屠杀

蒂利伯爵的错误决断夺去了成千上万无辜的生命，使许多人开始反对天主教

1631年4月，天主教联盟的蒂利伯爵在马格德堡郊外与他的副官戈特弗里德·帕本海姆会合。这座城市最近投到瑞典国王古斯塔夫·阿道夫的麾下，并拒绝投降。5月20日，一支小分队对长期围困感到愤怒，对瑞典军队的即将到来感到焦虑，于是主动出击，发动突袭，攻占了一些城墙。马格德堡的防御军战败，很快就被歼灭了。

侵略者通过在街上强奸、偷窃和杀戮来发泄他们对市民的不满。指挥官无力阻止，只能眼睁睁地看着城市里多处火势蔓延。火苗在狂风中迅速失控，不久空气中便弥漫起浓烟和火焰。大火退去后，这座城市已然成为一座正在燃烧的废墟。

袭击前该市共有3万居民，随后有2.5万人死于屠杀。蒂利把他们的尸体扔进易北河，肿胀的尸体堆叠在芦苇丛中，有些人手臂高举，仿佛在祈祷。许多幸存下来的妇女和儿童很快就会死去，而男人们如果不能支付赎金，他们就要被迫沦为奴隶。第二年的人口普查发现只有几百人留在这个城市。马格德堡成为一座死城，只剩下一个曾经的空壳。

△ 冲进马格德堡城门的军队对马格德堡的居民毫不留情

了一道巨大的屏障。但阿道夫并没有被吓倒。

瑞典指挥官依靠出其不意的战略，向吕岑进军，意图攻占这个城镇。然而，当消息传到瓦伦斯坦的耳中时，阿道夫的佯攻变得徒劳。由于担心吕岑会落入瑞典人手中，瓦伦斯坦下令纵火焚烧该镇。然后，他将骑兵排成一个凹形防御阵，并保留精锐的火枪手作为后备，以便在必要时提供增援。

双方进入战斗，瓦伦斯坦的大炮很快给瑞典人造成了严重损失。阿道尔夫看出自己的右翼薄弱，所以亲自率领一支部队去进行巩固完善。燃烧的吕岑能见度降低，空气中弥漫着浓烟，阿道夫很快就在混战中迷失方向。与他的部下分开后，他和他的马一样受了枪伤。他挣扎着控制着马，骑着它冲进敌人的防线，在那里他又被射中了，这次是致命的。

阿道夫去世的消息在新教徒中引起轩然大波，致使他们失去信心，在下午 3 点前撤退。但是他们的新任指挥官德意志诸侯萨克森 - 魏玛的伯纳德公爵召集了后备部队，并敦促士兵前进。瑞典人最终取得了胜利，但他们的胜利代价惨重:他们击杀了 1.2 万敌人，自己则折损了大约 1 万人，他们勤劳而锐意创新的国王死在了战场上。

瑞典并没有因为阿道尔的离去而失去决心。1633 年，作为海尔布隆联盟的一部分，瑞典与法国和德意志新教领主结成正式联盟。起初，瑞典仍然是这一联盟的主要军事伙伴，但在 1634 年 9 月诺德林根战役之后，情势发生了变化。

失去国王之后，纪律涣散的瑞典军队一

▽ 丹麦的克里斯蒂安四世几乎没有贵族的支持，所以他组建了自己的军队

次又一次肆无忌惮地冲向由斐迪南皇帝的儿子匈牙利国王以及西属尼德兰枢机主教王子领导的天主教军队（后者前来增援他的堂兄）。新教徒几乎全军覆没，因为他们的战术平淡无奇，瑞典作为主要军事国家的角色被终结了。

斐迪南再次占据优势，迫使新教德意志诸侯于1635年在布拉格和平会议上达成协议。他的前将军瓦伦斯坦在前一年被暗杀，因此当诸侯们同意解散天主教联盟和新成立的海尔布隆联盟，转而在皇帝的控制下组建一支统一的军队时，皇帝非常高兴。作为对获得军权的回报，斐迪南同意帝国北部恢复温和的新教信仰。这些让步基本上结束了在神圣罗马帝国引发冲突的宗教内战。

然而，最后一位德意志诸侯萨克森-魏玛的伯纳德公爵仍然不屈不挠。这位瑞典军队的前指挥官与在1635年向西班牙宣战的法国人结盟。从这一刻起，三十年战争背后的驱动力不再是宗教，而是国际政治局势。法国和西班牙这两大势力背后都是天主教徒，但对于长期受苦受难的德意志人来说不幸的是，他们选择将自己的国家作为战场，来决定谁是欧洲大陆上的霸主。

法国人的战争没有取得一个良好的开端。他们的军队缺乏训练，指挥官也没有瑞典人的聪明才智。看到法国人的弱点之后，枢机主教王子带着入侵巴黎的念头横渡莱茵河。另一支帝国军队从南方支援他，但他横渡莱茵河的行动受到伯纳德公爵的阻挠。瑞典对殿后部队造成威胁的消息随后将帝国军拉回了德意志。主教不愿意在没有援助的情况下入侵，所以他也掉头回去了，这让法国人略感困惑，但毫无疑问的是没人袭击他们的首都，这无疑让他们松了一口气。

斐迪南二世于1637年去世，他的儿子斐迪南三世继任。前皇帝去世前可能觉得自己拥有空前绝后的权力，但他的继任者很快就会看到它们化为泡影。法国盟军最近也取得了同样的成功：东山再起的瑞典人在帝国东北方的维特斯托克击败了一支帝国军队，伯纳德公爵成功地使莱茵河畔布莱萨赫陷入饥饿的困境中而不得不投降。

1639年，伯纳德公爵自然死亡，德意志主要军事力量不再插手这场冲突。然而战争仍在继续。

1642年，在第二次布赖滕费尔德战役中，曾在古斯塔夫·阿道夫手下服役的瑞典指挥官连纳尔特·托尔斯滕森再次战胜帝国军队。这给斐迪南三世施加了压力，迫使他与瑞典人达成更为和缓的和平协议，但法国在1643年的胜利使斐迪南的西班牙盟友出局，这削弱了他的力量。

战争期间，法国人一直在慢慢进步。由于资金有限，法国人更注重质量而非数量，没有立即吸收被俘士兵进入他们的大军。这样做的好处是留给他们的是一支老练、团结的部队，士兵们自豪地在法国旗帜下战斗。法国司令官恩吉恩公爵利用这支精锐部队，最大限度地打败了集结在罗克鲁瓦镇外的西班牙军队，并借此摧毁了西班牙的军事力量。

眼看法国-瑞士同盟就要取得胜利，和谈于1644年年底开启，但进展缓慢。而德意志诸侯则厌战情绪严重。几十年前，个人抱负加上虔诚的信仰驱使他们加入战争，但现在他们觉得自己已经不堪重负。

事实上，在三十年战争中受打击最大的

是德意志农民。统治阶级把他们拖进冲突中，他们的庄稼被夷为平地，家园被毁，金钱被赋税耗尽，他们的家人在被围困的城市里不得不同类相食，他们自己则被推向战场。

战争本身造成数十万人的伤亡，但受伤最深的是那些没有办法养活并保护自己孩子的普通家庭。遗弃、饥饿和疾病夺去了无数人的生命，这让德意志损失惨重。巴伐利亚的诸侯马克西米利安就是其中之一，他在自己的祖国看到的景象让他大吃一惊。它曾经如此繁荣，但三十年战争结束时，神圣罗马帝国的土地在财政、人口和精神上都一贫如洗。

“失去国王之后，纪律不良的瑞典军队开始一次又一次的鲁莽进攻”

▽ 1628 年，重兵把守的港口城市施特拉尔松成功击退帝国指挥官冯·瓦伦斯坦，使他无法通过海上威胁丹麦和瑞典的安危

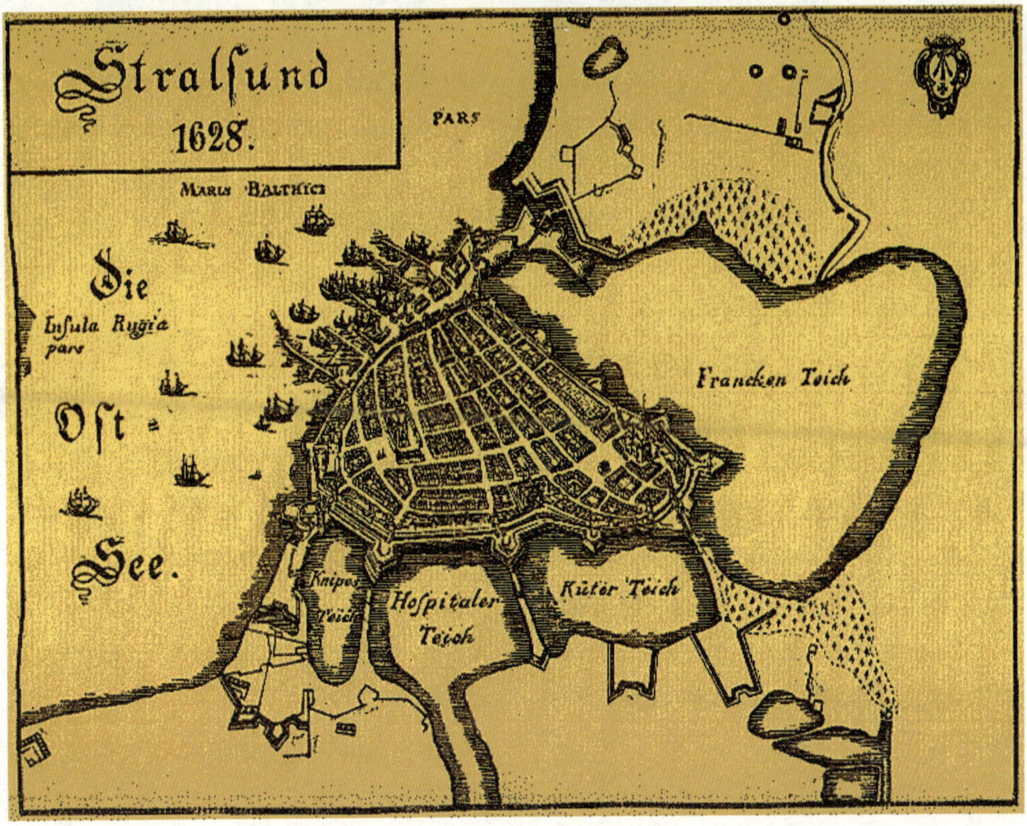

结束的开始？

THE BEGINNING OF THE END?

1644—1648

《威斯特伐利亚和约》标志着三十年战争的结束，但它永远改变了神圣罗马帝国的政治面貌

到了17世纪40年代，欧洲在一系列极端毁灭性的战争和流血冲突中分裂了30年之久，造成数百万人死亡，无数国家遭战火蹂躏。在神圣罗马帝国内，天主教徒和新教徒之间爆发了一场宗教冲突，很快就牵扯到欧洲大陆的所有超级大国：法国、瑞典、西班牙、丹麦、波兰、俄罗斯、英格兰、苏格兰，以及寻求独立的尼德兰和瑞士。

每一个国家都有自己的理由加入这场战争，因此三十年战争的起因很快便不局限于宗教，而是涉及不断变化的联盟、激烈的竞争、商业利益和政治抱负等方方面面。这场战争内容复杂，波及范围极广，以至于20世纪英国历史学家韦罗妮卡·韦奇伍德女爵士在她1938年的开创性著作中将这一时期描述为“欧洲历史上无意义冲突的突出范例”。事实上，实现任何形式的持久和平都是一项不小的壮举。

这项艰巨的任务始于17世纪40年代，当时各国已经决定好在何处举行和谈。多年来，神圣罗马帝国一直处于冲突的中心，绝大多数人目睹了最严重的破坏和死亡，因此，可以理解的是，它拒绝在境外举行谈判。德意志西北部的威斯特伐利亚的两个城市被选中，因为这考虑到了各方的感受，大家都希望在氛围友好的地方见面——明斯特是坚定的天主教城市，而奥斯纳布鲁克的居民则主要信仰路德宗。

然而，尽管做出了这些努力，谈判永远不可能只在一个地点和一个特定的日期举行，因为每个代表都需要参加这场会议。至少有194个国家参与其中，包括几十个神圣罗马帝国诸侯国，每个国家都有外交官和数千名代表团成员参加，这要求谈判必须分多次会议进行。因此，从1644年开始，零碎的和平谈判持续了好几年。

在这段时间里，有几个人申诉了神圣罗马帝国的利益，其中包括皇帝的亲信、谈

△《威斯特伐利亚和约的寓言》，雅各布·乔丹斯 绘

当和平改变了世界

《威斯特伐利亚和约》结束了一场战争，但它是否还影响了几个世纪以来的国际政治？

“《威斯特伐利亚和约》可能永远是我们政治体系的基础。”1761年，伟大的启蒙运动哲学家让·雅克·卢梭在结束三十年战争的条约签署一个多世纪后说道。这些条约授予神圣罗马帝国各诸侯国主权，被认为是现代国家制度的基础。

因《威斯特伐利亚和约》的成功签署而建立并以“威斯特伐利亚”为名的国际关系准则声称，每个国家对其领土和内政拥有主权。无论领土大小，各国都是平等的，都必须免受外来势力的干涉。

尽管威斯特伐利亚体系享有盛名，但1648年和约对国际关系的重要性却被一些历史学家所否定，他们声称条约中没有明确涉及国家主权或互不干涉内政的内容。相反，他们认为，在和约签署多后的几百年中，这种重要意义才被归功于《威斯特伐利亚和约》——这种观点与卢梭和利奥·格罗斯在1948年《威斯特伐利亚和约》签署300周年纪念日发表的一篇具有影响力的文章中的观点很相似。这些观点在民族主义热潮迭起的时期很有吸引力，但随着全球化变得越来越重要，它们在某种程度上被取代了。

△ 哲学家卢梭信奉威斯特伐利亚体系中的国家主权制度

判中最具影响力的人物冯·特劳特曼斯多夫伯爵马克西米利安。他与经验丰富的外交官约翰·马克西米利安·冯·兰贝格及律师约翰·克莱恩和伊萨克·福尔马一起，会见法国、尼德兰和西班牙驻明斯特的使节以及瑞典驻奥斯纳布鲁克的使节，直到每况愈下的身体迫使他退居二线。几十个新教国家是由勃兰登堡的约翰·格拉夫·冯·萨因-维特根斯坦领导的。主持这次会谈的是一位来自梵蒂冈的教宗主教或者说大使，名叫法比奥·齐吉（1655年成为教皇）。

谈判的进展很缓慢。他们花了6个月的时间来确定座位安排和外交官进入会议室的顺序，而法国和瑞典的代表由于对礼宾问题的争论，在一次会议上未能达成一致。战争一直在继续，饥荒和瘟疫肆虐欧洲，尤其对帝国来说，苦难仍在继续。经过多年的反复讨论和艰苦的会议，1648年1月30日西班牙和尼德兰签署了第一个条约，达成了足够的协议和妥协。

然后，10月24日，各国在明斯特和奥斯纳布鲁克同时签署两项条约，标志着欧洲

△ 举办庆祝活动标志着《威斯特伐利亚和约》成功签署，活动包括在瑞典燃放烟花

△ 冯·特劳特曼斯多夫伯爵是会谈的推动者

△ 明斯特是被选作和谈地的两个威斯特伐利亚城市之一

历史上最血腥的冲突之一三十年战争结束。神圣罗马帝国皇帝斐迪南三世与法国、瑞典及其盟国签署协议。在序言之后，《威斯特伐利亚和约》写道："在神圣的帝国皇帝陛下和基督徒陛下之间，将有一份永久、真实且诚挚的友好关系。"

最虔诚的基督教国王、法国年轻的路易十四比皇帝更高兴。根据条约，法国获得对阿尔萨斯地区以及梅茨、图尔和凡尔登等城镇的所有权，这使法国在莱茵河上拥有了具有重要战略意义的强大疆界。法国的盟友瑞典，连同西波美拉尼亚的领土，港口城市斯德丁和威斯玛，以及不来梅和凡尔登的帝国地区，都得到了巨额现金。这加强了瑞典对波罗的海的控制，并使其在帝国议会中获得发言权。

尽管法国和瑞典在 17 世纪 30 年代才加入三十年战争，但他们都从大屠杀中获得了实质性收益，新教邦国勃兰登堡和巴伐利亚也一样，这两个邦国获得了包括上普法尔茨在内的关键领土。与此同时，下普法尔茨归还给腓特烈五世的儿子（腓特烈五世加冕为

△ 荷兰画家杰拉德·特博赫捕捉到了《明斯特和约》签署的那一刻

▷ 纪念血腥的三十年战争结束的奖章

波希米亚国王是战争的导火索之一)。

尼德兰联合省和瑞士邦联也是赢家。该条约确认，他们分别从哈布斯堡控制的西班牙和帝国中独立成国，尽管他们实际上已经独立了几十年，只是没有得到官方认可罢了。然而，并非所有由战争引起的冲突都以和平结束，也不是所有的争端都能圆满地解决。事实上，法国与西班牙的战争又持续了 11 年。

然而，这不仅仅代表了欧洲地图的改变。三十年战争早就不再是一场基于宗教问题的战争了——信奉天主教的法国站在新教徒一边反对帝国和西班牙哈布斯堡王朝的敌人，但在有关基督教会的事务上，该条约可以说迈出了更重要的一步。

最值得注意的是，签署国必须承认《奥格斯堡和约》，这是 1555 年签署的一份条约，旨在于帝国内部给予路德教派宽赦。在 1648 年的和约中，这一点确认了各个国家可以在“自己的王国，自己的宗教”(cuius regio eius religio)的原则下决定自己的宗教，并扩大了《奥格斯堡和约》对加尔文教派的宽容。生活在与自己教派不同的国家的教徒有权在特定时间内公开或在私人场合根据自己的意愿做礼拜。

这个条约还包括一些解决土地所有权纠纷的办法。条约将 1624 年定为基准年，将土地所有权授予于 1624 年 1 月 1 日控制该土地的人(不论是否易手)。即使执政的诸侯已经

“条约粉碎了帝国保持对其所有领土控制权的希望”

改宗，他们也不会享有这片土地的所有权，以此确保土地所有权归属符合1624年这个时间点的规定。

帝国理应实施宗教宽容，让新教徒和天主教徒都能够拥有信仰自由。教皇英诺森十世听到这个消息后非常生气，宣布和约“在任何时候都是无效的、不公平的、不公正的、恶劣的、不道德的、空洞的，毫无价值”。

事实上，对于神圣罗马帝国来说，《威斯特伐利亚和约》弊大于利，几乎没有给帝国边境带来任何好处和积极影响。帝国失去了土地和执行单一宗教信仰的权力，而其内部的各个邦国和公国变得更加强大。条约承认了它们的主权，并授权它们自己签署条约的权利，允许它们不接受皇帝的霸权统治，以便于自治。

帝国分裂成大约300个半自治邦国，让局势变得越发明朗。就在签署《威斯特伐利亚和约》10年后，几十位德意志诸侯与法国组成莱茵同盟反对皇帝，勃兰登堡和巴伐利亚等地区凭借自己的力量崛起。这场战争使帝国遭受重创，大片土地被掠夺，数千人死亡（德意志失去了20%的人口）。他们随后又签订了一份和平条约，粉碎了帝国继续控制其所有领土的希望。

随着哈布斯堡王朝影响力逐渐衰弱，欧洲其他国家开始掌权。法王路易十四（又名“太阳王”）将在17世纪余下的时间里把持欧洲政治，而帝国不得不面对来自奥斯曼帝国东部的持续威胁。尽管它在1683年的维也纳战役中取得了巨大的胜利，终结了奥斯曼帝国的统治地位，但直到19世纪初，帝国的终结还是到来了。《威斯特伐利亚和约》已经埋下了崩溃的隐患。

然而，据说和约本身为新的开始奠定了基础：建立了在国家对其领土拥有主权和不受外国势力干涉的原则基础上的现代国家制度。它还帮助建立了一种新的国际关系形式，在这种关系中，外交、共存和集体安全成为一种规范，直到今天，这种关系仍称为“威斯特伐利亚体系”。

1648年条约的签署并没有结束欧洲的所有战争，也没有立即结束神圣罗马帝国的统治。从此以后，它们对国际关系的重要性也一直受到激烈的争论和质疑。然而，《威斯特伐利亚和约》作为欧洲历史上的一块重要里程碑被人们铭记在心，这是一个从旧王朝走向新秩序的转变。就这样，明斯特和奥斯纳布鲁克的外交官们成功地实现了在三十年战争后混乱的余波中似乎不太可能实现的壮举：持久的和平。

维也纳战役

Battle of Vienna

1683年9月

奥斯曼人使出浑身解数也未能占领他们觊觎的城市

01 救援部队到达

利奥波德一世倾尽全力寻求援助，最终一支装备精良、训练有素的军队（从他的帝国各地抽调出来的）横空出世，他们爬上卡伦山的山坡，俯瞰着哈布斯堡首都的血腥围攻。维也纳市民一直在祈求的奇迹，在奥斯曼帝国开始重击城墙两个月后出现了。军队为他们带来了生的希望。

02 开战

一支土耳其小分队在日出前的阴影中匍匐前进，于凌晨 5 点突然向哈布斯堡防线开火，一大群受惊的基督徒战士还未来得及反击就被砍倒。战斗在双方指挥官还没有下达命令时就开始了。

03 哈布斯堡步兵突袭

哈布斯堡军队对敌方的突然袭击感到恼火，他们开始沿着卡伦山的山坡下山，一边走一边迅速回击。他们的撒克逊战友们现在也跟着来了，这让洛林公爵非常震惊。洛林在最后一搏中试图保持军队的完整，命令他的龙骑兵和最后剩下的撒克逊人爬下来追赶他们，同时派遣骑兵前进，以减缓哈布斯堡军队的行进。

04 大维齐尔运筹帷幄

随着撒克逊人将火力集中在努斯多夫村，他们的步兵正在接近奥斯曼土耳其的守军，卡拉 · 穆斯塔法认为机会来了。上午 10 点左右，他命令护卫队和王室部队向一处被称为图尔肯兹（意为“土耳其堡垒”）的陡峭山峰前进。

05 国王来了

索别斯基现在准备派他的骑兵加入战斗。与此同时，洛林敦促他的部下前往图尔肯兹，穆斯塔法在那里竖立了先知的旗帜，以此召集他的部下。

10 在维齐尔的帐篷里

当他的部下继续骚扰逃离的奥斯曼军队时，索别斯基进入精心装饰的卡拉·穆斯塔法帐篷，后者此时正沿着通往匈牙利的道路疾驰而回。在这里，他找到了有关奥斯曼帝国围攻维也纳之前军事实力的文件。至于这位大维齐尔，他很快就被苏丹穆罕默德四世下令用一块丝绸勒死。

△ 在奥斯曼弓箭手瞄准射击的时候，维也纳的英勇守军们冲向城墙的缺口

09 冲锋!

在如今仍被视为史上最大规模的骑兵冲锋中，索别斯基率领 9000 名骑兵（两侧是火枪手，背后是剑客）雷鸣般地冲向暴露在外的奥斯曼防线。惊慌失措的奥斯曼人无力招架，被一片片砍倒在地。穆斯塔法收拾起自己的财宝，命令那些仍在围攻维也纳的人放弃坚守，然后匆忙逃走。

08 恢复攻击

下午 3 点半，基督徒们重新开始行动，在枪声中稳步前进。在远离战斗中心的地方，波兰骑兵在格斯特霍夫村以西列队行进，他们分 3 个纵队骑马下山。为了试探敌人的气势，索别斯基命令 120 名轻骑兵冲锋。几乎所有人都死了，但令索别斯基大受鼓舞的是，这场全面冲锋将确保克敌制胜。

07 停止前进!

哈布斯堡王朝将两个村庄收入囊中。当洛林意识到他的部下正拖着疲惫饥饿的身躯继续前进时，他命令基督教军队在午后的一段时间内停止前进。双方都在烈日下停下脚步，战场上空笼罩着一片诡异的寂静。

06 军事据点

经过数小时的艰苦战斗，哈布斯堡王朝终于攻占了戒备森严的努斯多夫村。他们的撒克逊盟友很快也紧随其后，把奥斯曼土耳其人赶出附近的海利根施塔特据点。

神圣罗马帝国

兵力：20000
骑兵：20000

查理五世，洛林公爵
领导者

这位勇敢的奥地利政治家有着丰富的战斗经验，他说服救援部队走最短的路线，并设计了作战方法。

波兰轻骑兵
关键部队

传说中的波兰轻骑兵是一支精锐的突击部队，用来猛攻敌人，为他们的战友在后方扫荡并结束战争铺平道路。

科皮亚
关键武器

这种16英尺长的长矛悬挂着一面丝质横旗，上面有一个铁尖，下面是金属条，用来支撑矛头并保护上端。

奥斯曼帝国

兵力：约137000人
大炮：300门

大维齐尔卡拉·穆斯塔法
领导者

穆斯塔法自小就收养在苏丹穆罕默德四世家中，忠心耿耿的他一心想为他的统治者夺下哈布斯堡首府。

苏丹亲兵（禁卫军）
关键部队

这些训练有素的士兵组成每营300人的军队，他们在孩童时期就被强行征召入伍。每个人身上都有自己的编码，并有权享有终身薪俸。

雅塔甘弯刀
关键武器

这种弯刀是禁卫军的标志性武器，是奥斯曼人在擅长的肉搏战中使用的有效武器。

鹰之决斗

DUEL OF EAGLES

18世纪

到了18世纪，神圣罗马帝国已然成为一片破碎的土地。
两个前盟友的冲突将导致它的灭亡

△ 尽管玛丽亚·特蕾莎刚成为女王时经验不足，但她很快就证明自己是一位能干的统治者

△ 腓特烈大帝的父亲、普鲁士国王腓特烈·威廉一世，被称为“士兵国王”

18 世纪的德意志是一片四分五裂的土地。虽然神圣罗马帝国覆盖了其中的大部分，但它们是互相割裂的。到 1700 年，有两个王室在国土内占据主导地位：位于奥地利维也纳的哈布斯堡天主教家族和位于普鲁士柏林的霍亨索伦新教家族。哈布斯堡家族自 15 世纪初以来就完全控制了帝国的君主选举，除此之外他们还控制着德意志以外的许多大国，如意大利、波希米亚、尼德兰和勃艮第。因此，他们不仅在德意志有着非常强大的势力，还有着更为广泛的利益。

神圣罗马帝国通常单纯指奥地利，并不是像不列颠或法国那样的民族国家。哈布斯堡王朝位于一个巨大的封建金字塔的顶端，因此，拥有大约 2200 万人口的帝国是一个庞大的、分散的、多文化和多民族的结构，维也纳没有办法对它进行简单而有效的统治。

18 世纪哈布斯堡统治落到了十几个不同的民族身上，其中大多数出现在多瑙河沿岸。德意志人、匈牙利人和捷克人是其中的三个核心民族。哈布斯堡家族最有力的支持者是德意志人，尽管他们并没有因为国家认同感

“哈布斯堡王朝的笨拙统治意味着它常常处于不利地位”

科林战役

腓特烈大帝的第一次失败发生在易北河的一个小镇科林，对手是一支规模更大的奥地利军队，他们占据着强大的防御阵地

腓特烈大帝在战场上并不会一直取得胜利。在第三次西里西亚战争（这是更大的七年战争的一部分）中，腓特烈于 1757 年 5 月 6 日入侵波希米亚，并在布拉格城外击败一支奥地利军队。随后，腓特烈包围了这座城市，而奥地利派出了一支由陆军元帅利奥波德·格拉·冯·道恩率领的军队去营救它。

由于他的许多军队致力于围攻布拉格，腓特烈只能率领一支只有 3.2 万人的军队对抗道恩。1757 年 6 月 18 日，他离开布拉格，遇到了 5 万多奥地利人，他们驻扎在科林附近的一片低矮山丘中。按照惯例，腓特烈抓住主动权，下令攻击奥地利右翼，没有花时间对敌方阵地进行适当侦察。

6 月的炎热使普鲁士军队疲惫不堪，腓特烈不得不让他们休息几个小时。在普鲁士人休息的时候，道恩把他的一部分左翼部队重新安置到他的右边。普鲁士人没有注意到这一增援，于是按原计划进攻。

起初，普鲁士的进攻取得了一些成功，但很快就失败了，道恩增派了更多军队来支援四面楚歌的奥地利右翼。在其他战场上，奥地利军队中的克罗地亚轻型部队对普鲁士人的右翼纠缠不休，以至于腓特烈的一名下属指挥官克里斯蒂安·赫尔曼·冯·曼斯坦将军在未经批准的情况下对奥地利阵地进行攻击。因此，这场战斗演变成一场内忧外患的激烈较量，这是腓特烈不希望看到的，因为这给更多的奥地利人带来优势，他们也占据了更强大的防守位置。

普鲁士骑兵队和撒克逊骑兵的冲锋取得了胜利，无情地打击了普鲁士人。在维也纳，人们得知胜利后欣喜若狂。玛丽亚·特蕾莎女王通过设立玛丽亚·特蕾莎勋章来纪念这一胜利，并将第一个奖项颁给获胜的陆军元帅道恩。科林战役是腓特烈的第一次失败。在此之前，他从未品尝过失败的滋味。虽然腓特烈很快就振作起来，但他那不可战胜的神话被打破了。

△ 沮丧的腓特烈大帝在失败后复盘着科林之战

而团结起来。哈布斯堡王朝本质上笨拙的统治意味着，在与普鲁士等组织更为有序的国家对抗时，他们往往处于劣势。

普鲁士是一个更小但更团结的国家，它最初属于条顿骑士团。1525年，其最后一位总团长阿尔布雷希特·冯·霍亨索伦放弃自己的宗教身份，转而宣布自己为普鲁士公爵，并成为波兰国王的附庸。

公爵领最终将移交给勃兰登堡的选帝侯约翰·西吉斯蒙德。1660年，普鲁士不再是波兰的附庸，但因为约翰·西吉斯蒙德的缘故，霍亨索伦家族至少在名义上受哈布斯堡皇帝的统治。

在三十年战争中，普鲁士遭受了巨大的损失，因为外国军队穿过普鲁士，并将其士兵征召入伍。一个军事强国的崛起，在很大程度上来自普鲁士不想让自己再次成为外国军队行军路线上一个站点的愿望。从17世纪后期开始，普鲁士投入大量资源以部署一支强大的军队，这使普鲁士能够在欧洲政务中发挥更大的作用，有限的人口将不再阻碍普鲁士的发展壮大。

1701年，普鲁士经帝国批准被升格为一个王国。第一个“普鲁士国王”是腓特烈一世，他的管辖范围将包括勃兰登堡选帝侯的所有土地。

西班牙王位继承战争

西班牙长期的继承战争爆发的根源是对波旁王朝联合西班牙和法国的恐惧。路易十四,一个波旁家族成员，已经统治了法国。1700年，没有孩子的哈布斯堡国王查理二世去世后，把这个国家的王位留给路易十四的孙子安茹公爵腓力，同时也是新加冕为西班牙国王的腓力五世。由于害怕将如此多的权力集中在波旁家族手中可能导致的后果，一个包括英格兰、尼德兰、巴伐利亚和奥地利在内的盟国组成，以遏制法国，法国派遣军队越过边境进入西属尼德兰，要求获得这份遗产。

普鲁士在这场战争中站在奥地利这边。1709年，腓特烈大帝和他野蛮残暴的父亲腓特烈一世亲临马尔普拉凯战役，当时普鲁士人与奥地利并肩作战，对抗法国。

奥地利王位继承战争

另一场争夺王位的战争涉及奥地利本身，普鲁士将是帝国的主要对手和战争的受益者。查理六世皇帝试图确保他的小女儿玛丽亚·特雷莎登上皇位。但问题是，帝国法律要求继承人必须是男性，因此查理想方设法让其他欧洲君主签名支持。1713年，出台了一份文件（《国事诏书》），明确承认女性同样拥有继承权。

1740年，查理去世,《国事诏书》的承诺也沦为白纸一张。同年刚成为普鲁士国王的年轻的腓特烈不会让这份诏书成为他的阻碍，因此他开始了征服奥地利西里西亚省的计划。在第一次西里西亚战争（奥地利王位继承战争的一部分）中，腓特烈于1741年4月10日在莫尔维茨战役中击败奥地利军队，为普鲁士赢得西里西亚。意识到奥地利的软弱之后，法国立即投入战争，在波希米亚占领布拉格。看到一位年轻而缺乏经验的女性登上皇位之后，其他君主意识到这是一个从奥地利手中夺取领土的好机会。

△ 普鲁士的腓特烈大帝、俄国的叶卡捷琳娜大帝和神圣罗马帝国皇帝约瑟夫二世就第一次瓜分波兰争论不休

“对于四面楚歌的玛丽亚 · 特蕾莎来说，一切都显得相当黑暗，但好在随后事情迎来了转机”

对于四面楚歌的玛丽亚·特蕾莎来说，一切都显得相当黑暗，但好在随后出现转机。匈牙利作为盟友加入战争，法国丧失对布拉格的控制权。奥地利随后又得到另外两个盟友英国和撒丁岛的支持。1743 年 7 月，腓特烈以武力占领的西里西亚为代价与奥地利握手言和。撒克逊人也随着普鲁士人一起离开了。现在，玛丽亚·特蕾莎开始反击法国和巴伐利亚，但她再次遭到腓特烈的攻击。腓特烈害怕奥地利东山再起，故而采取行动占领布拉格。尽管他后来被驱逐出波希米亚，但 1745 年 12 月他在霍恩弗里德贝格战胜奥地利人。

七年战争

奥地利迎来了短暂的和平，但随着七年战争的爆发，两个敌对的国家之间又陷入混战。普鲁士人异常糟糕的侦察，加上奥地利强大的防御阵地，使得奥地利军队能够在

腓特烈大帝的军队改革

腓特烈改造从有着敏锐头脑的父亲那里继承来的优秀军队

腓特烈大帝从他父亲那里继承了一支训练有素的军队。然而，这支约有 8 万人的部队缺乏实战经验，因为腓特烈 · 威廉一世不愿意在战斗中派他们上场。1740 年，新国王在获得王位后开始改造他们。

腓特烈很快解散了波茨坦巨人掷弹兵团，这是一支因他父亲迷恋异常高大的男子而组成的护卫队。他用攒下的钱组建了 7 个新的兵团，这些兵团将在实战中发挥更大的作用。除此之外，腓特烈还增派 16 个营、5 支轻骑兵中队和 1 支禁卫军骑兵中队。腓特烈领导下的普鲁士军队规模最大，约有 20 万名士兵。

骑兵一直是普鲁士军队的弱点。莫尔维茨战役是普鲁士对奥地利的胜利，他们依靠步兵保卫西里西亚。此役中，骑兵的表现很差，腓特烈知道他必须做出改变了。他将其改造成一股更有效的力量。1745 年 6 月 4 日，在第二次西里西亚战争中，崛起的普鲁士骑兵为腓特烈在霍恩弗里德贝格的胜利做出重大贡献。

为了领导这些士兵，腓特烈建立了一个军官团，在这个团里，晋升依靠的是军功，表现差的没有晋升机会。包括出身高贵的皇室子弟在内的所有人，都得从候补军官做起，出身不再是佣金水平的决定性因素。

腓特烈坚定地相信进攻是最好的防守。在他撰写的大量有关战争的著作中，他特别强调进攻时的速度。为了提高军队的战场机动能力，他让士兵们练习直接以行进纵队的形式调动到战场上，或者从一条横队变换成一列纵队，形成一个强大的主战部队，或者一条很长的防线。

腓特烈在战术上也有所创新。他的招牌战术是“斜向进攻”，意味着军队的一翼会先于另一翼出击。当时他的想法是在敌军的其他部队卷入之前击败敌军的一支部队。1757 年 12 月，腓特烈在洛伊滕会战中战胜奥地利人，这种斜向进攻战术取得了很好的效果。

△ 第二次西里西亚战争期间，普鲁士军队在霍恩弗里德贝格战役中前进

△ 查理六世试图通过1713年《国事诏书》为他的女儿争取帝国继承权

△ 腓特烈大帝是历史上伟大的首领之一，也是一位深谋远虑的军事思想家

1757年6月的科林战役中对腓特烈实施严厉打击。同年晚些时候，腓特烈重整旗鼓，于11月5日在罗斯巴赫战胜奥地利人和法国人，12月5日又在莱昂战胜奥地利人。然而，对普鲁士来说，战争进行得并不是那么顺利，可喜的是腓特烈的运气还不错。1762年1月，沙皇伊丽莎白去世，俄国退出战争。奥地利失去了一个重要盟友，不得不把更多精力放在奥斯曼土耳其身上。1763年2月，奥地利与普鲁士达成和平协议。作为第三次西里西

亚战争（七年战争的一部分）的战果，普鲁士彻底控制了西里西亚。

瓜分波兰

玛丽亚·特蕾莎和腓特烈大帝目标一致地着手瓜分波兰。长期以来，波兰的贵族们都不愿意联合起来组成一个强大的中央集权国家，他们重视自己拥有的特权，无法容忍一个强大的君主可能给他们带来的任何限制。因此，18 世纪的波兰是一个由各个贵族掌权的无政府状态的竞技场，这种混乱让她成为更强大的邻国——如普鲁士和俄罗斯——的猎物。

波兰反抗俄国叶卡捷琳娜大帝的起义导致了俄国的入侵。尽管奥斯曼土耳其帮助了波兰人，但俄国军队还是将其击退，大获成功。这让腓特烈焦虑不已，他担心俄国会变得过于强大，同时也担心更广泛的欧洲战争可能会给普鲁士带来非常不利的后果。

1769 年 8 月，腓特烈在外交上取得胜利。他设法说服叶卡捷琳娜和玛丽亚·特雷莎的儿子约瑟夫相信，瓜分波兰对三国都有益处。在波兰问题上达成协议之举使他们避免了一场对任何人来说都毫无意义的战争。腓特烈威胁叶卡捷琳娜，如果她的俄军继续向奥斯曼帝国的首都君士坦丁堡进军，他就会和奥地利联手干涉。相反，腓特烈说，奥地利应该得到波兰的土地，以确保玛丽亚不会介入俄国和奥斯曼土耳其的战争。

玛丽亚·特蕾莎对瓜分波兰的计划感到震惊，但叶卡捷琳娜和腓特烈正急切地推进瓜分计划的实施，这迫使她不得不行动起来。俄国将占领位于德维纳河和第聂伯河以东的波兰土地，而普鲁士则获得勃兰登堡和东普鲁士之间的领土。

玛丽亚·特蕾莎认为这是一次赤裸裸的土地掠夺行为，她不愿意顺从他们的“邪恶”。尽管她不愿意“深陷罪恶”，但她还是被俄国和普鲁士以及她的儿子约瑟夫所逼迫。约瑟夫在自己的顾问考尼茨亲王的极力怂恿下，急于为奥地利攫取一份波兰战利品。瓜分行动于 1772 年 8 月 5 日进行，奥地利得到相当大的一部分领土。后来的瓜分发生于 1793 年和 1795 年。最终，波兰作为一个独立的国家从欧洲地图上消失了一个多世纪之久。

被拿破仑征服

19 世纪初，奥地利和普鲁士都会被法国军队所征服。法国大革命点燃了民族主义的烈火，法国共和军由于民众的大规模动员而变得庞大起来。1805 年 12 月，当光芒万丈的拿破仑·波拿巴成为法国领导人（最后成为皇帝）时，奥地利人将在奥斯特利茨遭受重创。随后，1806 年 10 月，普鲁士在耶拿 - 奥厄施泰特的两次战役中大败。

奥地利和普鲁士的旧王朝军队中，训练有素的专业士兵较少，无法与规模更大、领导更好的法国军队相匹敌。1806 年，拿破仑迫使弗朗索瓦二世放弃神圣罗马帝国皇帝的头衔，此举宣告了神圣罗马帝国的终结。后来，恢复元气的奥地利和普鲁士发现，它们又一次站在同一战线上与拿破仑作战。

拥挤的法国中心由身穿蓝色外套的公民志愿军（左）和穿着白色制服的常备军（右）守卫着

双方军队

联军	VS	法国军队
领导人		领导人
陆军元帅不伦瑞克公爵查理·威廉·斐迪南和腓特烈·威廉二世		夏尔·弗朗索瓦·迪穆里埃将军和弗朗索瓦·克里斯托夫·凯勒曼将军
军队人数		军队人数
34000		36000
枪		枪
54		36
后备军		后备军
15000		18000

瓦尔密之战

Valmy

1792年9月

法国大革命时期，当公民志愿军用火炮击退普鲁士步兵的进攻时，他们英勇地通过了第一次严峻的考验

1792 年 9 月 20 日下午 2 时，一枚炮弹从拉鲁恩高地的普鲁士大炮上轰鸣而过，呼啸着冲向瓦尔密风车附近的一辆法国弹药车。弹药车爆炸起火，一股黑烟弥漫在空中。当车里的炮弹被点燃时，相邻的两辆车发生二次爆炸。由于害怕被弹片击中，身穿蓝色衣服的法国志愿军争先恐后地寻找掩护。

在西面 900 多米处，不伦瑞克公爵查理·威廉·斐迪南满意地通过望远镜凝视着爆炸给拥挤的敌军队伍中带来的破坏。他下令让普鲁士步兵分成两队进攻法国阵地。回想起几天前普鲁士的一个骑兵旅是如何突袭法国的整个师之后，不伦瑞克认为，一旦井然有序的普鲁士步兵开始进攻，法国指挥官就会下令全面撤退。随着法国被迫从巴黎南部撤退，普鲁士军队可能会恢复对法国首都的攻势，扼杀尚在襁褓中的革命。

3年前的1789年7月14日，受够了阻碍改革的法国君主制的巴黎人袭击了法国国王路易十六高压统治的堡垒巴士底狱。这是欧洲近代史上最惨烈的革命之一，也是暴力的首次爆发。法国国内的动荡迫使6000名法国皇家陆军军官离开本土。一旦离开法国，这些流落他乡的军官就与支持他们的外国势力密谋扑灭革命之火，因为欧洲各王室也担心革命之火会吞噬他们。

1791年6月，路易国王无法忍受王权受限，试图重新掌控这个国家。他曾希望前往奥属尼德兰，在那里他将与那些异乡军官一道镇压革命者，恢复旧制度。但他失败了。逃亡的国王在洛林被捕，毫无尊严地被带回巴黎。

1791年，即将进入尾声的战争又一次复燃。法国各地的理想主义者响应国民议会对志愿者的号召。普鲁士国王腓特烈·威廉二世和奥地利国王利奥波德二世一致认为，最好的行动方案就是入侵法国，击溃革命者，恢复路易的地位。1792年2月，他们正式宣布建立军事同盟，从而形成第一联盟。两个月后，法国向奥地利宣战。反过来，普鲁士、奥地利和萨伏依在法国东部边境部署军队，在那里他们有异国军官加入。如果路易不能来找他们，他们就会去找他。

联军选择让不伦瑞克公爵领导奥地利-普鲁士联军。56岁的不伦瑞克是腓特烈大帝的外甥，他是一个谨慎的指挥官，喜欢通过娴熟地调动军队而非缓慢的方式来发动战争。普鲁士国王威廉随军入侵法国。

不伦瑞克的对手是53岁的法国将军夏尔·弗朗索瓦·迪穆里埃。1792年8月，法国革命政府任命迪穆里埃和57岁的弗朗索瓦·德·凯勒曼将军分别指挥法国的北方军和中央军。两人都勇敢、自信且富有魅力。法国战争部长约瑟夫·马里·塞尔万·德·格贝负责协调巴黎开出的两支军队的行动。法国指挥官们面临的挑战是如何将一支由老兵组成的训练有素的常备军与训练不足的志愿军相结合。

“在整场战役中，连绵不断的雨水使不伦瑞克的士兵们痛苦不堪”

凯勒曼找到了答案。为了加强步兵旅的稳定性，他把一个营的正规军和两个营的志愿军编到一起。他认为这是补救志愿军在战斗中易于焦虑的弱点的最好办法。即将来临的战斗将考验他的这一新想法。

老牌普鲁士军队看起来似乎有巨大的优势，但事实并非如此。首先，普鲁士人有一个“令人敬畏”的物流系统。笨重且效率低下的普鲁士补给部队在整个战役中步履蹒跚。其次，普鲁士炮兵部队不如法国炮兵。从 1776 年开始，法国炮兵在炮兵督察让 - 巴蒂斯特·瓦凯特·德·格里博瓦勒的领导下开始全面改革。这些炮是在较轻的滑动托架上制造的，有可互换的零件。由于在法国炮兵部队服役很有威望，这些老炮兵并没有像许多步兵那样叛逃。

不伦瑞克的计划是让奥地利和普鲁士军队在洛林联合起来，直奔巴黎。普鲁士大部队于 8 月 3 日离开科布伦茨。普鲁士人以蜗牛般的速度前进，差不多用了 3 个星期才到达边界。法国的龙韦和凡尔登边境要塞疏于防范，分别于 8 月 23 日和 9 月 3 日落入联军手中。

不伦瑞克的下一个挑战是让他的军队穿过阿贡森林的树林和沼泽。这片森林只有 5 条主路上的大军才能穿过。普鲁士在凡尔登的营地位于通往沙隆的路上。它经过克莱蒙、莱斯岛和圣默努尔德等村庄，然后驻扎在瓦尔密附近的高原上。

在整个战役中，连绵不断的雨水使不伦瑞克的士兵们痛苦不堪。普鲁士人在凡尔登停留了一个星期，军官们没有为士兵创造舒适的卫生条件。凡尔登的拖延在很大程度上是由于不伦瑞克和威廉国王对于战争的下一步规划存在分歧。不伦瑞克想把战争进一步推进到第二年春天天气好转之时。在此期间，普鲁士人将建立前线基地，补给食物和弹药，以支持春季进攻。但威廉国王否决了不伦瑞克的计划，他认为路易十六危在旦夕，必须尽快到达巴黎。最后，国王获胜了。

普鲁士进攻开始时，迪穆里埃正在瓦朗谢讷。他率领部队南下色当，于 8 月 28 日抵

△ 巴黎国民警卫队骑马去参加法国革命军

达默兹河上的城市。3 天后，他接到塞尔万命他拦截不伦瑞克的指令。为了协助迪穆里埃完成这项任务，塞尔万命令驻扎在梅茨的凯勒曼尽快前去支援。

在普鲁士主部队的左右两翼有两支规模较小的军队。在不伦瑞克右翼行军的是一支由克莱法特伯爵弗朗索瓦·德·克洛瓦领导的奥地利军队，在他左翼前进的是由霍亨洛赫-基希贝格亲王腓特烈·威廉领导的普鲁士军队。

8 月 31 日，当克莱法特在斯特奈从色当上游越过默兹河时，迪穆里埃被迫向西撤退。他行军穿过阿贡森林，于 9 月 4 日在格朗普雷占据阵地，封锁穿过阿贡的中间道路。9 月 10 日，不伦瑞克被迫率军从凡尔登北上。普鲁士的主力军行军到朗德尔不远就停了下来。这使他们在格朗普雷与法国军队直接对峙。

△ 凯勒曼将继续成为革命战争和拿破仑战争中最有影响力的人物之一

迪穆里埃在他的左翼留下一支小分遣队，隐蔽在穿过阿贡的两条北部公路的较低位置。9月12日，克莱法特的奥地利轻骑兵击败了守卫山中狭径的100名法国士兵。次日，由让·皮埃尔·沙佐将军率领的法国军队发起反击，但未能夺回关口。

法国主力部队于9月15日冲破营地，向南驶向圣默努尔德。迪穆里埃命令沙佐跟着他。当沙佐的步兵穿过蒙舍坦附近的田野时，普鲁士的轻骑兵向他们发起进攻。法国人猝不及防，惊慌失措。“我们被出卖了！我们输了！”沙佐的士兵从普鲁士骑兵手中逃走时喊道。

迪穆里埃在瓦尔密以东部署部队，等待溃败的凯勒曼。他骑马北上，竭尽所能地聚拢士气低落的部队。不伦瑞克的军队此时正艰难地在泥泞的道路上穿越阿贡森林，因此没能利用敌方的这种颓势。

迪穆里埃决定在瓦尔密附近宿营，他需要尽快与凯勒曼会合，而后者也终于在9月18日抵达。凯勒曼立即率军加入迪穆里埃左翼，沿着沙隆散开队伍。他还向西面1千米处派遣了一支封锁部队，在拉鲁恩的路边旅馆部署哨兵。迪穆里埃则命令亨利·克里斯蒂安·斯唐热尔将军在瓦尔密以北的伊隆山同增援旅一起占据前沿阵地。皮埃尔·德·吕埃尔将军、伯农维尔侯爵，以及一支一直守卫着沙隆人的军团的到来进一步增强了法国军队的实力。

普鲁士大部队于9月18日渡过阿贡河，第二天转向南方，先头部队已经到达松比翁，那里离法军防线只有不到4千米。在普鲁士人专心致志准备开战的时候，迪穆里埃和凯勒曼就凯勒曼部队的最佳部署位置展开激烈争论。迪穆里埃建议凯勒曼部署在瓦尔密周围的低山上，但凯勒曼更倾向于部署在奥夫河的南边。凯勒曼坚持认为，如果普鲁士人进攻，他的部队在河后的防守位置会更有利于战局。由于迪穆里埃不是他的上级，所以凯勒曼有充分的自主决定权，他下令让自己的大部分部队在早晨渡过奥夫河。

9月20日早晨，浓雾笼罩着洛林西部的丘陵和山谷。霍亨洛赫亲王的军队加入普鲁士的主力部队，他在清晨6时率领部队向南挺进。在即将到来的战斗中，要维持普鲁士军队的战斗力，霍亨洛赫的部队是必需的。由于营地卫生条件很差，不伦瑞克的许多士兵都死于痢疾。

一队法国炮兵在普鲁士先锋队沿着拉鲁恩高地向南推进时开火。霍亨洛赫命令一队普鲁士炮兵来对付它。当凯勒曼听到大炮在他西边响起的时候，他撤回自己在奥夫河以南部署的命令。他认为，最好的选择是按照迪穆里埃的建议部署在瓦尔密以西。正因为如此，凯勒曼的中央部队将在当日承受绝大部分炮火，迪穆里埃将根据需要向他提供增援。

凯勒曼下令，派指挥中央陆军先锋队的艾蒂安·德普雷-克拉西耶将军在拉鲁恩以东1.5千米的奥贝瓦尔的沙隆路北侧建立一个阵地。他命令指挥中央储备军的让-巴蒂斯特·瓦朗斯将军将法军防线从沙隆路以南延伸到奥夫河。当这些部队在炮火中行进的时候，早晨7时，凯勒曼带领他的军队穿过林地，来到瓦尔密以西的一座低矮的山上，山顶上有一座风车。尽管法国人可以听到普鲁士人的声音，但浓雾笼罩，这使得对峙的两军无法看到对方。

霍亨洛赫的先锋队得到了额外的炮兵增援，当天早晨他直接指挥大部分普鲁士炮兵参战。当普鲁士和法国军队在拉鲁恩发生小规模战斗时，霍亨洛赫命令6个炮兵连在拉鲁恩高地上开炮。当雾气在白天晚些时候消散时，瓦尔密战场将证明自己是炮兵梦寐以求的开战之地。双方炮兵在低山阵地上，享受到了在广阔且几乎不受打扰的战场上战斗的乐趣。

凯勒曼将多达24个团和4个炮兵连部署在瓦尔密西部低矮的地方。旅和团的指挥官忙得不可开交，有效地部署了营的兵力。但同时，雾也有助于掩盖普鲁士人的混乱。

迪穆里埃没有闲着，他命令沙佐率领相当于一个师的兵力加强法国在奥贝瓦尔的左翼。他还命令伯农维尔带着他的部队在斯唐热尔后方驻扎，必要时及时增援。迪穆里埃在自传中写道："这个阵地真的很重要。"最后，迪穆里埃命令亚历克西斯·列维内尔将军将他的师推进到斯唐热尔右侧，探测普鲁士人的左翼力量，并权衡从侧翼攻击它的可能性。

在西部约1.2千米处高低起伏的牧场上，普鲁士军队从纵队变为横队，在炮火满天的战场后方占据阵地。正如普鲁士人在整场战役中所表现出来的那样，他们毫无紧迫感地从容部署着。雾使他们无法了解敌人的实力，但他们却浪费了破坏凯勒曼部署的机会。不伦瑞克大约在中午与威廉国王会合，随后他派遣几名士兵去侦察法国左翼。他们回来后建议普鲁士集中火力进攻法国左翼，坚信此举会彻底摧毁法国左翼。大雾在凌晨后半段开始慢慢散去，普鲁士人渐渐明白，击退法国的关键是风车所在的那座小山。

部署在拉鲁恩周围的法国军队无法抵挡普鲁士的炮弹攻击，这些炮弹在他们周围坠落爆炸，他们不得不向东撤退。凯勒曼发现

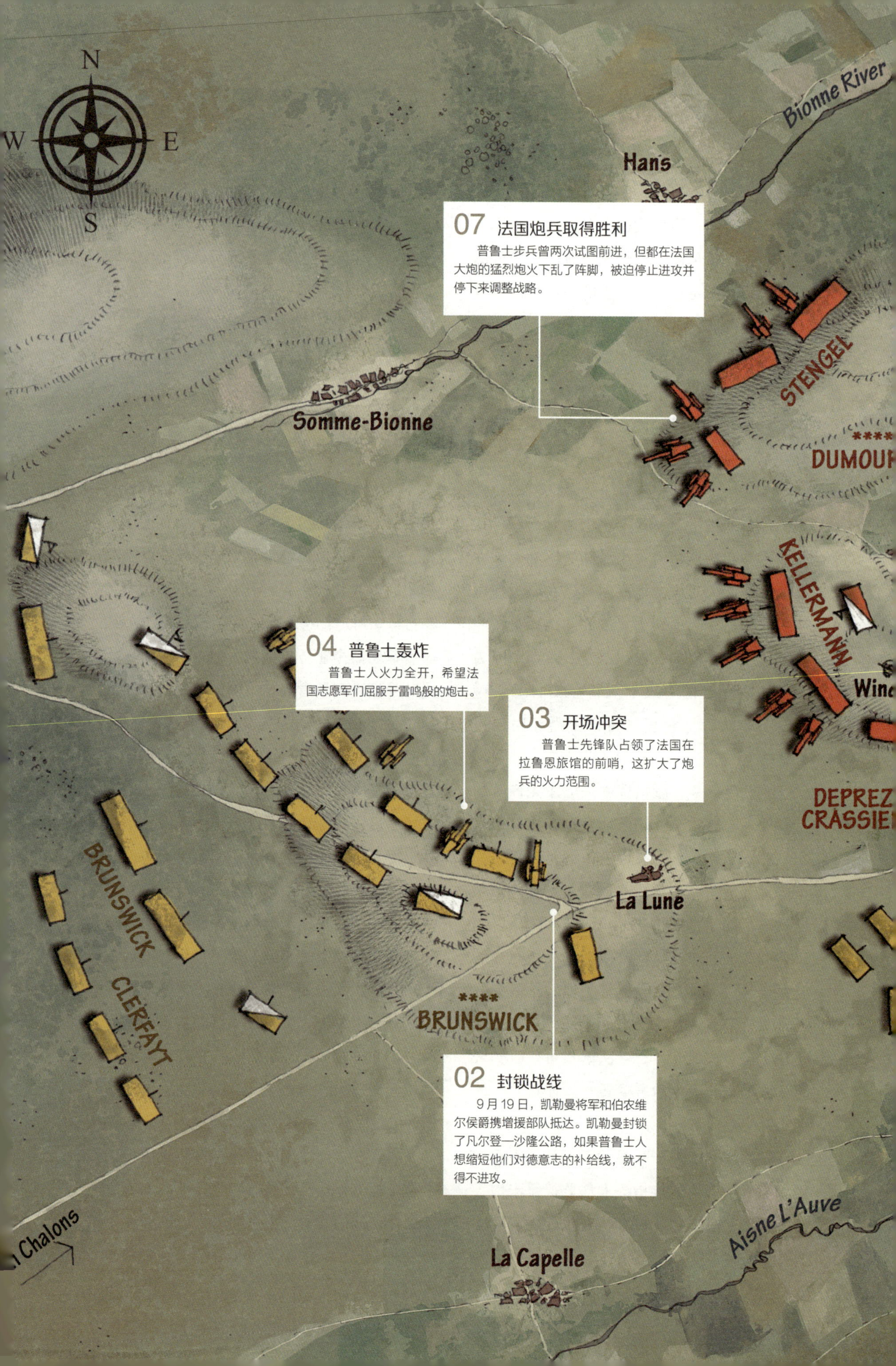
N
W
E
S
Bionne River
Hans
07 法国炮兵取得胜利
普鲁士步兵曾两次试图前进，但都在法国大炮的猛烈炮火下乱了阵脚，被迫停止进攻并停下来调整战略。
STENGEL
Somme-Bionne
KELLERMANN
04 普鲁士轰炸
普鲁士人火力全开，希望法国志愿军们屈服于雷鸣般的炮击。
03 开场冲突
普鲁士先锋队占领了法国在拉鲁恩旅馆的前哨，这扩大了炮兵的火力范围。
DEPREZ
La Lune
BRUNSWICK
CLERFAYT
BRUNSWICK
02 封锁战线
9月19日，凯勒曼将军和伯农维尔侯爵携增援部队抵达。凯勒曼封锁了凡尔登—沙隆公路，如果普鲁士人想缩短他们对德意志的补给线，就不得不进攻。
Aisne L'Auve
La Capelle

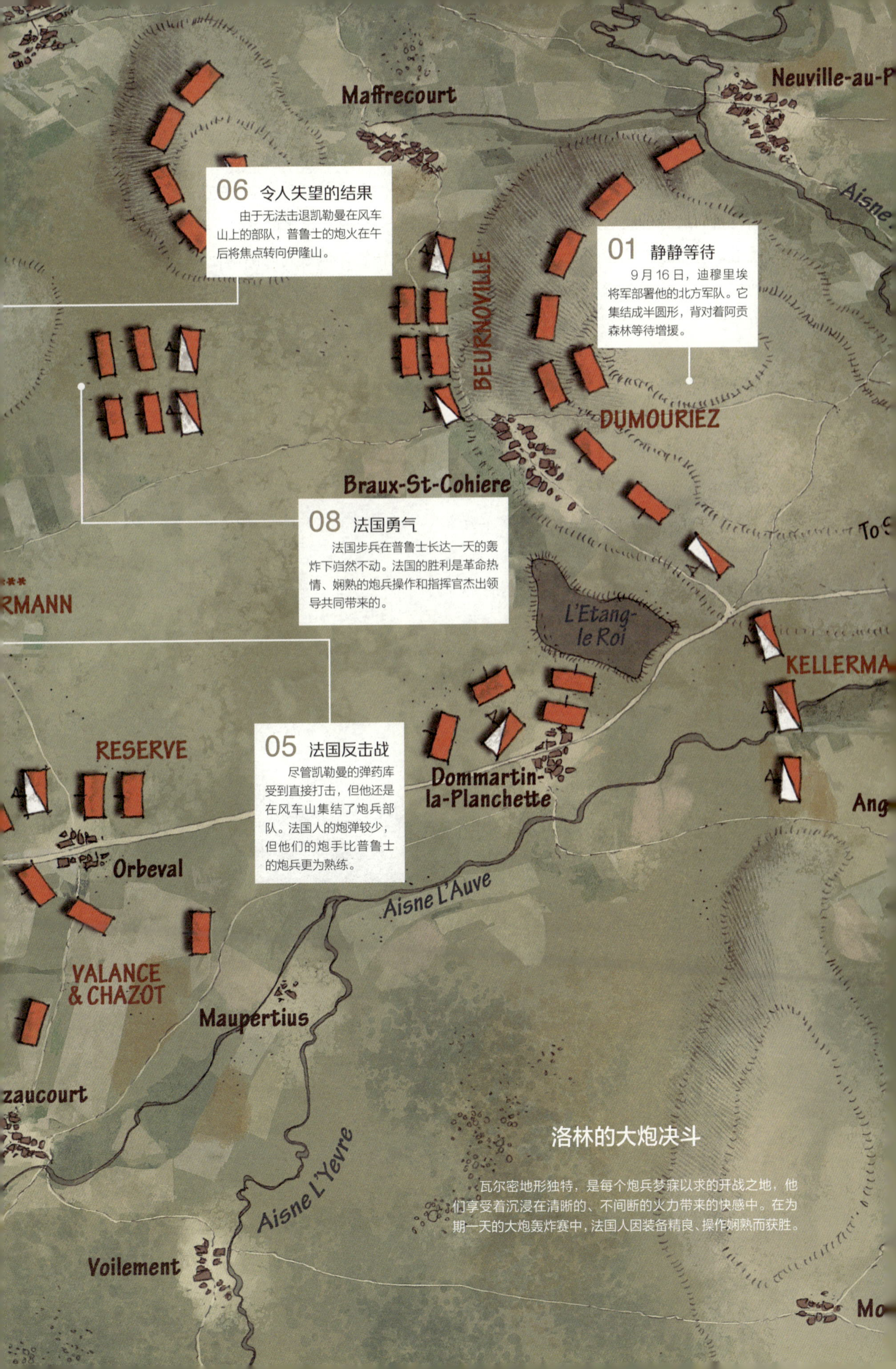

洛林的大炮决斗

瓦尔密地形独特，是每个炮兵梦寐以求的开战之地，他们享受着沉浸在清晰的、不间断的火力带来的快感中。在为期一天的大炮轰炸赛中，法国人因装备精良、操作娴熟而获胜。

01 静静等待

9月16日，迪穆里埃将军部署他的北方军队。它集结成半圆形，背对着阿贡森林等待增援。

05 法国反击战

尽管凯勒曼的弹药库受到直接打击，但他还是在风车山集结了炮兵部队。法国人的炮弹较少，但他们的炮手比普鲁士的炮兵更为熟练。

06 令人失望的结果

由于无法击退凯勒曼在风车山上的部队，普鲁士的炮火在午后将焦点转向伊隆山。

08 法国勇气

法国步兵在普鲁士长达一天的轰炸下岿然不动。法国的胜利是革命热情、娴熟的炮兵操作和指挥官杰出领导共同带来的。

撤退迹象之后，命令沙佐反击，但普鲁士人巩固了他们在拉鲁恩的阵地，沙佐的人遭到猛烈的反抗。那时已经是大清早了，雾几乎完全消散。普鲁士和法国炮兵在相距只有1千米的情况下展开了一场几乎持续一整天的激烈决斗。

中午，天气转晴，一阵潮湿的风驱散走最后一片雾。普鲁士人原以为法国的炮兵在掩护撤军，但随后便意识到他们的敌人正在发动进攻。就在这时，凯勒曼用剑举起他那顶装饰着三色羽毛的帽子。“祖国万岁！”他高喊 。“祖国万岁！法兰西万岁！将军万岁！”他的手下大声回应。

凯勒曼的勇敢鼓舞了他的部下。当时43岁的作家约翰·沃尔夫冈·冯·歌德（曾作为观察员随同普鲁士军队行军）写道：“他在瓦尔密之战中身陷险境，因为炮火主要集中在他那里。”

由于炮手能够清楚地识别目标，双方发射的炮火越发密集。歌德写道：“下午1时，经过一段时间的停战之后，战斗达到白热化；简直是地球都在颤动，但我们仍然没有看到据点有丝毫变化。”但是炮弹在这种天气下造成的伤害远小于在干燥天气下所造成的。球形的子弹通常会弹跳滚动，对敌方部队造成巨大伤害，但数周的降雨使黏土变得松软，因此炮弹会陷在潮湿的地面上。“无论落在哪里，它都会很快被地面粘住。”歌德写道。

令不伦瑞克和他的参谋们深感气馁的是，因为他们暴露在瓦尔密周围的低山阵地上，他

▽ 一张纪念这场战争的1971年的法国邮票

"当雾在白天晚些时候消散时，瓦尔密战场将证明自身是炮兵梦寐以求的开战之地"

▽ 国王路易·菲利普一世在指挥革命军炮击战的 39 年后重返瓦尔密战场

们的炮击并没有给法国步兵造成多少伤害。这位普鲁士指挥官认为他别无选择，只能派他那些训练有素的士兵去对付经验不足的法国志愿军。

歌德写道："我们的军队燃烧着猛攻法国人的欲望，军官和士兵们都兴奋地期待着将军会立即发动进攻。我们的仓促前进似乎也表明了这个意图。"

普鲁士步兵排成两排准备前进，只前进了200码，就开始受到法国专业炮手的猛烈打击。不伦瑞克很快停止前进，重新考虑战争形势。

普鲁士人开始进攻时，迪穆里埃骑马到前线与凯勒曼商量对策。他相信不伦瑞克会停止进攻，避免让他的步兵死于法国大炮的轰炸下。普鲁士的炮弹成功地引爆了一辆法国炮弹车。爆炸震动了风车山，产生了大量的烟雾，暂时遮蔽了普鲁士炮手的目标。当两个志愿兵营突围躲避时，凯勒曼在恐慌蔓延到其他营之前迅速将它们召集起来。与此同时，迪穆里埃发出命令，要求拿出更多的枪支和替代弹药来弥补损失的炮弹。

克里斯蒂安·奥古斯特·路德维希·冯·马森巴赫是不伦瑞克参谋部的军事工程师，他一直在拉鲁恩观察战斗的进展。他误认为法国士兵们已经被爆炸击倒，随后便快马骑向不伦瑞克，催促他全力出击。说时迟那时快，爆炸产生的烟雾消散了，法国炮兵又开始猛烈开火。由于未能攻破法国部队的中心，不伦瑞克命令普鲁士炮兵将斯唐热尔从伊隆山赶走，但斯唐热尔的部队也在密集的炮火下坚守。

不伦瑞克知道威廉国王非常想打败法国人，于是命令步兵在下午再次前进，但无济于事。法国的炮火给他们带来致命轰击，迫使普鲁士人停止前进步伐。下午4时，不伦瑞克召集手下，当着国王的面，鼓起勇气强调普鲁士人不会发动一次可能代价高昂的正面进攻。"我们不在这里战斗。"他对集结起来的将士说。国王没有反对。不伦瑞克的最后一条命令是，让右翼的普鲁士士兵延展防线切断沙隆路以防法国人向东撤退。

当天晚上，和歌德驻扎在一起的那群士兵请他分享对战斗的看法。"此时此地，世界开启了一个新的时代，而你们可以说，你们见证了它的诞生。"他在评论法国胜利的意义时说道。

恶劣的天气和军营疾病造成的额外损失

▽ 如今，在瓦尔密附近重建的风车是战场的一个重要标志

迫使不伦瑞克于 9 月 30 日下令全面撤退。双方伤亡都很轻，因为大部分步兵从未投入战斗，而且加农炮在潮湿的环境下破坏力比正常情况下要小很多。法国约伤亡 300 人，普鲁士约伤亡 200 人。

“瓦尔密炮击战”对法国人来说意义重大。战争结束后的第二天，一个更激进的立法者大会在巴黎召开。立法机构废除君主制，以共和制取而代之。在湿漉漉的瓦尔密战场上，经验不足的革命军经受住了经验丰富的敌人的武器考验。可以这么说，瓦尔密战争的胜利拯救了法国革命。

▷ 凯勒曼在瓦尔密战役中的胜利使他成为革命英雄，永垂不朽

△ 占领宗教建筑被时，军队被用来确保不会遭到抵抗

1803 年的《帝国代表重要决议》

THE IMPERIAL RECESS OF 1803

1803

面对拿破仑时代法国似乎势不可当的崛起，曾经强大的神圣罗马帝国献上了落幕时的鞠躬

△ 曾经炙手可热的宗教领袖被撤职，他们的土地被占领并世俗化

1803年2月25日，神圣罗马帝国的一个帝国代表团通过了一项被称为《帝国代表重要决议》的法令。一个月后，经弗朗茨二世正式确认，这项法令得到帝国议会批准，正式认可神圣罗马帝国土地的全面重组。这是这个曾经强大的帝国走向最终解体前颁布的最后一项重要法令。

《帝国代表重要决议》是拿破仑在欧洲发动侵略战争之后的事。1800年在马伦哥战役中惨败后，弗朗茨二世被法国人围攻，被迫投降，他不得不接受《吕内维尔条约》的条款。该条约将莱茵河左岸的控制权交给法国，有效地削弱了奥地利的力量。这也意味着奥地利在左岸的土地被法国人所控制。这些地区的统治者迅速要求帝国赔偿他们损失的领土、财产和作为帝国一分子的荣誉。

安排这项赔偿的任务落在弗朗茨二世和帝国议会的肩上，法国在一旁时刻监督着。当弗朗茨努力满足那些被剥夺选举权的使节们的愿望时，法国的外交大臣夏尔·莫里斯·德·塔列朗-佩里戈尔乐得从那些负担得起的人那里收取贿赂，而较小的地区则只能接受自己的命运。法国不断挑起诸侯国之间的对抗，确保任何人都不会轻易让步。当帝国走向分裂时，代表们针锋相对，制订补偿计划，意在安抚老牌德意志诸侯并争取他们的效忠，同时也确保帝国残存的权势不断地分解消散。

表面上帝国代表团有权讨论这些计划，但他们不过是走个过场罢了。甚至早在1802年之前，他们就已经和法国就一些最有价值的领土达成一系列划分协议。在弗朗茨批准之前，那些在协议中获得了新领土的更有权势的选帝侯就已经占领了这些土地。

1802年年底，代表团深入讨论赔偿计划。1803年2月，他们提交最终名为《帝国代表重要决议》的修订计划。一个月后，帝国议会批准这一决议，并于4月27日得到弗朗茨二世的确认。他接受了新建立的选帝侯团体（在历史上第一次以新教徒为主），但他反对新的诸侯团队也类似地由新教势力支配。在这一点上弗朗茨是不会动摇的。然而，他的抵抗无济于事，当神圣罗马帝国于1806年解体时，他仍在试图推动恢复宗教平衡。

◁ 神圣罗马帝国没有考虑拿破仑的进军

《帝国代表重要决议》规定了每片领土新上任的统治者的财政和行政职责，所有这些都有利于法国的利益。它还强调了新划定的领土和帝国城市的世俗化（这些城市曾经是教会权力的中心）。在《帝国代表重要决议》中，除极少数外，教会公国几乎被彻底废除，教会土地也被世俗化；作为补偿方案的一部分，教堂财产被没收并重新分配。即使是领土本应安全的世俗帝国骑士和伯爵也发现，他们的土地被强大的巴伐利亚统治者占领：黑森-

“法国已经开始控制并瓜分最宝贵的领土”

卡塞尔选帝侯和符腾堡国王。虽然皇帝表示反对，但他已经没有什么影响力了，这意味着被剥夺选举权的领导人得不到任何补偿。

最终，100 多块帝国领土不复存在，生活在 1803 年《帝国代表重要决议》下的 300 万人成了政治棋子。其中一些土地直接交给法国，另一些则作为对成功获得主权的诸侯们的补偿。曾经强大的天主教会沦为一个小角色，其广阔而富饶的土地和建筑被重新分配给世俗领袖，以利于法国的利益。

《帝国代表重要决议》确保了人们的宗教自由，将权力从宗教领袖还给地方统治者（部分统治者是法国精挑细选出来的）。它没有完全解散神圣罗马帝国，这一目标还需要 3 年的时间才能实现，但《帝国代表重要决议》严苛的条令为这一目标的实现奠定了基础。

△ 忠于法国的那些统治者——如符腾堡的腓特烈一世——被提升为选帝侯时欣喜若狂

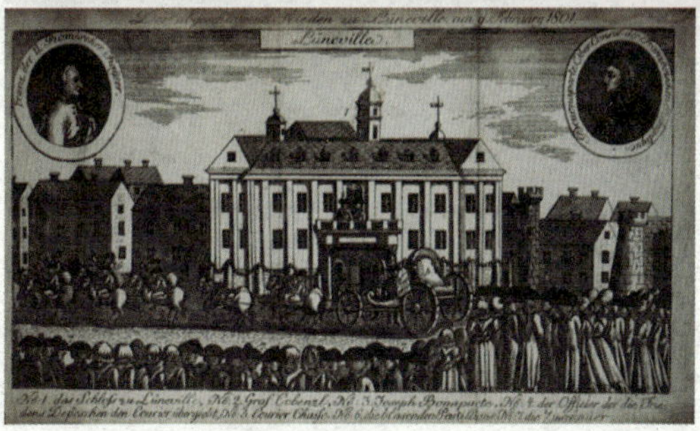

◁《吕内维尔条约》为神圣罗马帝国的最后落幕奠定了基础

奥斯特利茨之战

Austerlitz

1805年12月

拿破仑对欧洲的控制越来越强，但是一个由 8.5 万人组成的联盟已经聚集起来，要彻底推翻他的统治

奥斯特利茨，摩拉维亚，1805年12月2日

谁?

在对抗拿破仑的第三次反法同盟中，法军遭遇了俄国人和奥地利人。

干什么?

这场决定性战役的胜利者将成为中欧的主导力量，成为3个皇帝中最伟大的一个。

在哪里?

奥斯特利茨是摩拉维亚地区的一个小镇，距离哈布斯堡帝国中心维也纳只有100多千米。

为什么?

随着入侵英国想法的落空，拿破仑把注意力转向奥地利和俄国。

结果?

拿破仑帝国令人震惊的胜利让神圣罗马帝国和第三次反法同盟走向毁灭。

◁ 奥斯特利茨战役是一场重要的战役，标志着第三次反法同盟的结束和神圣罗马帝国的灭亡

△ 法军组织严密，完全忠于他们的皇帝和法兰西第一帝国的荣耀

自 19 世纪初以来，西欧一直是一片战场。旧帝国一直在与复兴的法兰西第一帝国抗争。1803 年，第三次反法同盟因反对拿破仑·波拿巴皇帝而成立。最初，法国人想入侵英国，但他们在特拉法尔加的失败和随后签订的《亚眠条约》使拿破仑开始将目光投向东方。由于已经和西班牙结盟，阻碍法国前进的两个力量便只剩下神圣罗马帝国崩溃后残存的哈布斯堡君主国以及强大的俄罗斯帝国。后两者分别由弗朗茨二世和沙皇亚历山大领导，接下来的战争将在 3 个皇帝之间展开。

拿破仑是一个精明的战术家，忠诚而坚定的法国大军团随时供他遣用。他颇具战略智慧，1805 年 9 月，战争一开始，法国军队就在乌尔姆和慕尼黑战胜奥地利军队。大军团似乎无人能敌，它渡过莱茵河，横扫整个大陆，随后在同年 11 月迅速占领维也纳。维也纳是哈布斯堡帝国的首都和中心，其被占领之迅速震惊了欧洲各大国。必须有人对此做出反击，而这一反击将在摩拉维亚王国的奥斯特利茨镇附近到来。究竟是拿破仑还是欧洲王国的旧军队会取得胜利呢？

"大军团似乎无人能敌，它渡过莱茵河，横扫整个大陆"

作战计划

战斗发生在普拉岑高地上。12月1日早晨，天雾蒙蒙的，3支大军的庞大兵团聚集在一起，等待着上级的命令。俄国人站在寒冷的冬日中，坚信他们部队里优秀的炮兵会摧毁法国的兵团。配备冷钢兵器的奥地利骑兵也被认为是世界上最优秀的骑兵之一。盟军共有8.5万名俄国人和奥地利人。

将军们有信心阻止法国的进攻，并概述了奥地利参谋长韦罗特将军的部署计划。这一战略旨在以法国右翼为目标，试图迫使他们南下，开辟夺回维也纳的道路。与巴格拉季翁将军并肩作战的俄国将军冯·布克斯赫夫登将领导这次进攻。中军原地待命以保持侧翼的稳定。负责所有盟军行动的是陆军元帅米哈伊尔·库图佐夫，但他很快就被撇在一边，沙皇亚历山大一世随后直接领导这支军队。他渴望发动全面进攻，最终粉碎可怕的大军团。

奥地利人和库图佐夫愿意等待并迫使拿破仑出手，但亚历山大太鲁莽了。皇帝刚愎自用而不愿听从总司令的命令。此外，奥地利人在几个月前的乌尔姆战役中投降，这场失败造成了 3 万人以上的伤亡，因此也不值得信任。

与此同时，拿破仑也有自己的策略。他未能阻止俄国两军会合，现在奥斯特利茨成了法国军队的据点。他的右翼部队被盟军视为一个潜在的突破点，因此他故意削弱这部分力量以引诱盟军。如果勒格朗将军的第四兵团能把俄国人和奥地利人控制在这里，盟军中心的软肋就唾手可得了。

拿破仑，一位白手起家的将军，带着他的军队加入了激烈的战斗——这是一种与旧式的奥地利和俄罗斯皇帝截然不同的战斗方式。法国仅有 7.3 万士兵，因为他们缺少驻扎在维也纳的第八军团、观察阿尔卑斯山的第二军团和驻扎在卡林西亚的第六军团。拿破仑机智地派副官阿内·让·马里耶·勒内·萨瓦里与对手谈判停战，借此欺骗同盟国，让它们认为法国缺乏底气。而此时，拿破仑的士兵们正整装待发，准备战斗。

拿破仑的军队组织优良、训练有素，他在法国军队中的声望前所未有，而法国军队的士气也正处于顶峰，这场战斗还恰巧发生在皇帝的加冕纪念日。这进一步提升了大军团的士气。事实上，在经历了漫长的中欧战役之后，它已经快要筋疲力尽了。

尽管第三次反法同盟意识到了法国军队疲惫不堪的问题，但它自身也存在隐患。盟军 70% 是俄国人，30% 是奥地利人，因此许多下达的命令必须在两种语言之间来回翻译，这使得任何复杂的命令都很难迅速执行。然而，他们把希望寄托在西北部的斐迪南·卡尔·约瑟夫大公和来自意大利南部的查理及约翰大公的增援上。他们将得到 4000 名奥地利士兵和 1.2 万名俄国士兵的增援，这两股援兵将在未来几天内到达战场。如果战斗时间够长，那么盟军的人数将大幅增加。然而，亚历山大并没有想到这一点，他只想尽快打败拿破仑。

▽ 拿破仑的炮兵师偏爱属于格里博瓦勒系统或曰第十一炮兵系统的轻型火炮和榴弹炮

“奥地利骑兵装备冷钢兵器，他们被认为是世界上最优秀的骑兵之一”

战斗开始了

一夜过去，雾气未消，这使法国部队得以隐藏自己的部署。就在 12 月 2 日早晨 7 点之前，盟军发现法国人从普拉岑高地惊慌失措地撤退。按照他们最初的战略，4 万名俄军南下，拿破仑的右翼从高地匆匆赶来。

山脊上，10500 名法国人正在等待。战斗很快就在德尔尼茨村附近的戈尔德巴赫河上展开了。戈尔德巴赫河将成为两军力量之间的分界线。俄国人和奥地利人在最初的交锋中占据优势，开始时他们的策略是依计划行事。但是他们的进展在村子里受到阻碍，晚些时候法国第三军团的到来使局势逆转为对拿破仑有利。

拿破仑原来的计划被敌人破坏了，敌人没有把全部兵力从中心转移出去，但他还有其他办法占得先机。在达武将军的带领下，4300 人被拿破仑从离维也纳 110 千米的地方召集起来去支援法军。他们成功地在 48 小时内完成行军并及时到达，以加强在盟军进攻下即将崩溃的右翼。在索科尔尼采旧堡垒的掩护下，高地频繁易手，但最终达武的人设法结束僵局，扭转形势，粉碎了盟军的队伍。尽管奥地利轻骑兵队进行了短暂的反攻，但盟军还是开始溃散。这场战斗的结果毫无悬念：盟军的几乎所有进攻都被阻止了。

高地战役结束后，冲突转向战场的左侧和中心地带。最初骑兵在左翼冲锋时，双方的马匹互相猛撞，而在中央地带，随着盟军的集结，俄罗斯帝国防卫军冲进法国军营。3000 名榴弹兵突破了法国的第一道防线，在法军的及时炮击之下才停止进一步冲锋。帝国卫队重新集结并让炮兵实施报复，轰炸在战场上形成防御方阵的法国军团。盟军骑兵随后袭击了脆弱的方阵，并在奥斯特利茨夺取了他们唯一的战利品——法国第四线部队的鹰旗。

拿破仑眼见他在争夺中央阵地的战斗中失败，之后便派自己的帝国防卫军加入战斗并取得显著成果。俄国帝国防卫军取得初步胜利后并没有守住他们的防线，很快就被法国第一军团发起的反击轻松瓦解。盟军的中军在这一重击下崩溃了，但左翼的战斗仍在激烈进行。如今，盟军的编队被分成两半，缺少一个核心支撑。法军各师现在可以击退四散的俄国人和奥地利人，从四面八方攻击他们。

敌对势力

领导人

拿破仑一世，克劳德·勒格朗，路易·亚历山大·贝尔蒂埃

兵团

帝国防卫军、第一军团、第三军团、第四军团、第五军团、重骑兵和龙骑兵预备队

炮兵部队

139 门火炮

扭转战争局势者

大军团身经百战、组织严密，愿意在皇帝加冕纪念日为他献身

领导人

亚历山大一世，弗朗茨二世，米哈伊尔·库图索夫

兵团

帝国防卫军、两支先遣队、第一纵队、第二纵队、第三纵队、第四纵队（全俄），第三奥地利步兵旅、第五纵队（奥地利）

炮兵部队

278 门火炮

扭转战争局势者

俄军炮兵的威力远胜于法国所能调动的一切力量

01 部署和组织

盟军人数众多，有信心取得全面胜利，但他们忽视了拿破仑的天才战略。这位法国皇帝故意削弱他的右翼力量，以集中力量对付敌方薄弱的中军，并把俄国人和奥地利人拉进普拉岑高地的陷阱中。

02 在高地战斗

普拉岑高地到处都是村庄，所以这里的战斗空间十分狭小紧凑。这一点正中法国人下怀，因为他们人数不足的问题是众所周知的。敌方军队越过戈尔德巴赫奋力进攻，但双方都未能打破僵局。

06 亚历山大重新评估局势

法国的优势动摇了盟军的领导层，他们很快就失去了对战斗的掌控。这时库图佐夫将军受伤了，亚历山大惊魂未定。随后在开始撤退以及沙皇迅速逃离时，盟军做出了一些代价高昂的误判。

04 帝国防卫军之战
盟军中军并不像拿破仑预想的那样软弱。俄罗斯帝国防卫军在与法兰西帝国防卫军交战之后取得初步胜利，但他们在一次炮击之后被限制住了。俄国人以己方的轰炸作为回应，在战斗中取得了最大的胜利。
03 骑兵在左翼交火
在侧翼，双方骑兵开战，法国奴隶兵和榴弹兵迎战俄国枪骑兵和奥地利轻骑兵。在战场北边，拉纳将军向巴格拉季翁将军发动攻击，试图切断他与主战场的联系。
05 法国突破
这次胜利是短暂的。法国的人数因第一军团的到来而增加。当法国人蜂拥向前发起毁灭性反击时，俄罗斯帝国防卫军先是被击退，然后被击溃。
07 退到冰面上
盟军现在全面撤退，迅速撤离战场，以避免更多的损失。他们身后是一片冰冻的池塘。在激烈的战斗中，许多逃跑的士兵淹死在冰冷的湖水中，其他人则被围捕俘虏。

“帝国防卫军重新集结并让炮兵实施报复，轰炸在战场上形成防御方阵的法国人”

△ 盟军取得的唯一重大成功便是俄国人夺得了法国第四步兵团的鹰旗

△ 奥斯特利茨战役后，拿破仑与弗朗茨二世会面

战斗持续到下午，一个勇敢的年轻法国人拉纳将军向战场北部发起进攻，试图击败巴格拉季翁将军领导的奥地利师。他差点儿成功了，但在奥地利炮兵的及时干预下，他最终还是失败了。奥地利人仍然被拖在后面，但并没有像拉纳所希望的那样被切断与其他部队的联系。

当亚历山大沙皇对战况进行评估和分析时，他意识到盟军的最高统帅部已经从主力军中脱离了出来，无法有效地指挥战斗。拿破仑现在占了上风。

返回高地

回到右翼，法国人经过激烈的肉搏战占领了高地，但他们无法在盟军勇敢反击的情况下恢复优势。双方都挥舞着原始的武器，其中最受欢迎的是 .69 口径的滑膛步枪。这种武器并不精准且毫无效果，许多射击都没有击中目标，有时还会走火伤及友军。这意味着大部分的战斗都变成了激烈的肉搏战。

由于以刺刀和军刀为武器，奥斯特利茨之战成了一场凶猛血腥的战斗，双方都没有退缩。近距离作战伴随着双方的炮火猛攻。尽管盟军有更多枪支，但法国军队的有力组织意味着他们的射击更加有效而密集。盟军队伍缺乏凝聚力也意味着强大的奥地利骑兵无法发挥最大作用，而且他们经常离后方太远，无法对法国防线造成任何持久的破坏。

战争后期，沙皇认为获胜的可能性越来越小，于是逃离了战场。也正是在这个时候，库图佐夫将军受伤，必须在后备部队中接受治疗。盟军现在无人领导，无法展开有效的攻击行动，比如俄罗斯枪骑兵对北翼发动的一次袭击无人支援，造成 400 人伤亡。

在俄国和奥地利兵团的后面，有许多被称为萨特沙姆湖的结冰池塘。随着法国军队

向前推进，盟军别无选择，只能越过冰面逃走。冬天的湖上满载着重炮和幸存的马匹，难承其重，因此当法国人靠近时，许多人掉进冰冷的水中，被极寒所吞噬。其余的部队一到湖边就遭到大炮轰炸或被俘虏。

现代报道称，盟军在萨特沙姆湖战役中的死亡人数被严重夸大了，尽管如此，盟军的队伍是散漫的，在没有领导的情况下，失败无法避免。1.1 万名俄国士兵和 4000 名奥地利士兵在泥泞中死去，获胜的法国军团在战场上扫荡剩余的盟军士兵。1.2 万名士兵被俘虏，法国人从俄国炮兵队中缴获 180 门大炮。疲惫不堪的法国人现在可以休息了——俄国人撤回祖国，奥地利人向法国投降。

后果

拿破仑也许没有像他所希望的那样全面地击败对手，但他已经竭尽所能地战胜了奥地利人和俄国人。然而，他的胜利是一把双刃剑：他的胜利是如此伟大，以至于一些历

◁ 俄国人越过结冰的萨特沙姆湖以求撤退。拿破仑的大炮将冰打碎，许致使多人被淹死

史学家认为，它导致拿破仑与现实脱节，开始幻想缔造一个拿破仑时代的欧洲。

12 月 2 日晚，列支敦士登亲王约翰一世·约瑟夫骑马进入法国营地谈判并最终达成和平协议。大军团的掌权者准许他进入，两天后，拿破仑和弗朗茨会面。经过长时间的讨论，第四次《普雷斯堡和约》诞生并于 12 月 26 日签署。该条约对奥地利来说是致命的，因为它的土地被夺走，军队也被摧毁。奥地利比任何其他国家的情况都要糟，它被迫支付 4000 万法郎的赔偿金。反过来说，这项协议大大有利于法兰西第一帝国。

根据此项条款，法国将的里雅斯特、达尔马提亚及莱茵河东部与巴伐利亚和普鲁士接壤的广大地区纳入其不断膨胀的势力范围。拿破仑渴望安抚普鲁士，所以普鲁士并没有和法国人发生冲突。最终，他允许手下败将自由统治汉诺威。

拿破仑在奥斯特利茨的胜利带来的最重要的成果便是 1806 年神圣罗马帝国的解体。由于俄国和奥地利双双惨败，这个统治欧洲大陆 1000 多年的帝国在面对拿破仑的帝国无情扩张时变得无能为力。由于法国皇帝建立了莱茵邦联，神圣罗马帝国的力量进一步枯竭。莱茵邦联由一系列德意志邦国组成，以前由神圣罗马帝国统治，现在则为拿破仑提供了法国和普鲁士之间的缓冲区。

除了拿破仑之外，奥斯特利茨战役后欧洲的景象对所有人来说都是凄凉的。第三次反法同盟被摧毁，俄国人淡出了，只有英国仍坚持阻挠拿破仑的征服之路。但和平并没有持续下去：1806 年，普鲁士对法国的提防之心愈来愈重，欧洲又一次陷入战争。

1806 年后存续

Surviving 1806

我们和一位专家讨论了神圣罗马帝国的灭亡，

以及它东山再起的可能性

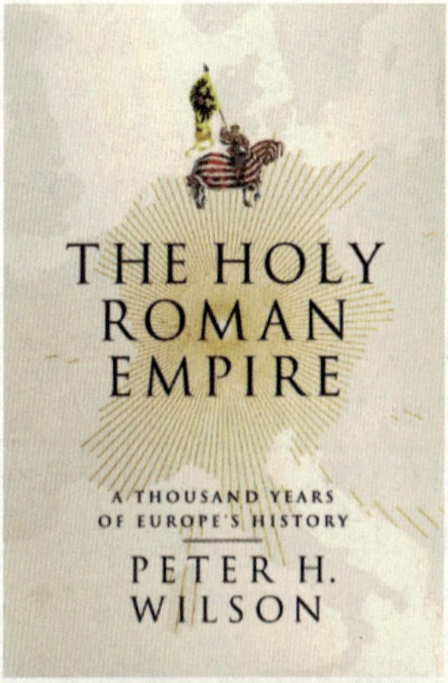

彼得 ·H. 威尔逊

（Peter H Wilson）

人物简介

彼得 ·H. 威尔逊是牛津大学的战争史教授、万灵学院会员、欧洲研究理事会资助的“1530—1870 年欧洲财政军事体系”五年研究项目的首席研究员。他的著作已被翻译成中文、德文、意大利文、波兰文、马其顿语和日文，包括《神圣罗马帝国：欧洲的千年历史》（企鹅出版社 / 哈佛大学出版社，2016 年）和获得了军事历史学会杰出图书奖的《欧洲悲剧：三十年战争史》（企鹅出版社 / 哈佛大学出版社，2009 年）。他出版于 2018 年的最新著作《吕岑》由牛津大学出版社纳入“伟大的战役”（*Great Battles*）系列出版。

帝国的衰落是什么时候开始的？有没有一件被事后证明为不归路的事件呢？

如果不算从 1250 年前后灭亡的斯陶芬王朝的话，人们通常认为帝国是从 1648 年开始衰落的。“衰落”的概念是假设从“完全”或至少更好的状态退化到较差的状态。对于帝国来说，这通常表现为从一个中央集权国家沦落为一个分散的、支离破碎的国家。然而，查理大帝的政权从来都不是中央集权的，所以我们最好把帝国的历史看作一系列不同形式的帝国统治，看看在这些帝国统治中，皇帝的权力是如何兴衰起伏的。就 1806 年帝国灭亡的“衰落”而言，我们可以确定一系列重要的阶段，这些阶段虽然不能预知必然的结局，但标志着帝国在维持既定等级政治秩序方面变得越来越困难。第一个阶段发生在 1740 年前后，当时哈布斯堡王朝自 1438 年以来第一次也是唯一一次失去了对皇帝头衔的控制，这与以下短暂但灾难性的插曲同时发生：维特尔斯巴赫王朝实施软弱的帝国统治，奥地利和普鲁士开始公开争夺领导权。

奥地利和普鲁士之间的竞争在决定帝国命运方面有多重要？

至关重要。自卢森堡王朝（1312—1437）掌权以来，帝国一直由控制最多世袭财产的家族和诸侯所统治。当哈布斯堡王朝直接控制帝国 1/3 的领土时，这一点变得更加明显。毫无疑问，1683 年后奥地利重新征服匈牙利，成为欧洲强国，为哈布斯堡帝国的统治提供了物质基础。

相比之下，普鲁士的崛起改变了帝国的内部动力，增加了第二支德意志势力，特别是 1700 年后，执政的霍亨索伦成为国际承认的“普鲁士国王”。尽管哈布斯堡已经击退了之前的挑战者，但在七年战争期间（1756—1763），他们无法将普鲁士缩小到一定规模。普鲁士在那场冲突中幸存下来，成为欧洲的强国之一。剩下的公国和城市缩减为“第三德意志”，为奥地利和普鲁士所庇护。1740 年，这块较小的领土拥有德意志军事力量的 1/3 以上。到 1790 年，奥地利和普鲁士军队的总规模是其他所有军队的 6 倍。尽管霍亨索伦家族并不想取代哈布斯堡家族成为皇帝，但他们肯定会挫败哈布斯堡王朝的统治。更糟糕的是，面对哈布斯堡或霍亨索伦的反对，“第三德意志”没有机会改革帝国。1795 年，普鲁士和德意志北部一起单方面退出镇压法国革命的战争，帝国的脆弱性暴露出来。

拿破仑在奥斯特利茨的胜利被普遍认为是帝国的丧钟。为什么奥斯特利茨的失败对帝国来说是致命的？这本可以避免吗？

确实如此。1795 年，普鲁士从战争中撤军一举有效地分裂了帝国，使奥地利只能在巴伐利亚和南德意志小公国的帮助下继续战斗。尽管哈布斯堡家族迫切希望保留他们的专属帝国地位，但他们不得不承认拿破仑在 1804 年宣布成为法国皇帝的事实。

为了确保地位对等，他们创造了自己的世袭奥地利皇帝头衔。奥地利被迫进行防御，越来越无视双方同意的帝国政治既定准则，无情地欺负弱小的诸侯和城市，其中一些人开始将拿破仑视为潜在的保护者而非威胁。奥斯特利茨战役抹去了奥地利在德意志南部的剩余影响力，尤其是哈布斯堡王朝被迫承认拿破仑将主权头衔赠予主要诸侯之举，令帝国管辖权的延续受到挑战。与此同时，拿破仑建立了一个新的意大利王国，并切断了该国与帝国的联系。很明显，拿破仑计划利用神圣罗马帝国来帮助他重组德意志，弗朗茨二世被迫退位，正式解散帝国，以此确保帝国皇室能够安全撤离到匈牙利。避免这种情况的唯一办法就是与法国作战，而奥地利在 1806 年不具备这种条件。

1815 年，拿破仑在滑铁卢的最后一次失败之后，人们为什么没有齐心协力改革帝国呢？改革是否有可能发生？

这是一个很好的问题，因为许多人确实为 1806 年帝国的解体而哀悼。瑞典国王仍然以帝国一分子的身份统治着西波美拉尼亚，他发表声明，拒绝承认帝国已经解体，而英国政府也不反对某种形式的复辟，因为这似乎是夺回汉诺威的最好办法。拿破仑摧毁了给莱茵邦联一部可行宪法的所有努力，因为他担心这会破坏他对德意志附属邦国的控制。1813 年，随着这些国家开始转变立场，帝国的复兴变得更有可能。尽管如此，那些从 1802 年以后的变化中获益的人拒绝放弃自身利益，因此 1814—1815 年向维也纳会议请愿的小伯爵和小诸侯们没有机会复辟帝国。

此外，英国和俄国希望确保对法国有足够的缓冲地带，因此同意普鲁士吞并德意志西北部，从而进一步减少对传统政治结构至关重要的“第三德意志”的影响力。然而，没有人能想到这其中的本质性区别。

如果帝国幸存下来，你认为它会如何塑造欧洲形态？

有几位历史学家把 18 世纪的帝国描绘成一个强大的、进步的联邦制国家，说它预示着欧盟的成立，却遭到卑鄙的普鲁士人（或法国人，取决于不同观点）的阻挠。那太夸张了。帝国通过渐进式变革存活了很长时间，但有明显迹象表明，现有的结构正变得越来越笨重。

最重要的是，等级政治秩序与社会划分为不同团体（主要是神职人员、贵族和平民）的愿景紧密相连。然而，自 18 世纪 30 年代以来，人口增长再加上缓慢而深刻的经济变化改变了社会，带来了新的紧张关系，像帝国最高法院这样的机构很难解决这些问题。这些紧张局势带来的问题最终会在 1830 年和 1848 年的革命中爆发。虽然旧秩序可能摆平了这些事件，但它是否能够遏制奥地利和普鲁士的持续对抗则难下定论，他们的争斗将导致 1866 年德意志邦联的灭亡和中欧的分裂。

神圣罗马帝国给后人留下了什么遗产？

什么都有。在更广泛的大众意识中，帝国是不团结和政治软弱的代名词。大多数德国人仍将其视为“他们”的过去，并指责帝国没有成为一个民族国家。其他国家围绕着主权独立都有自己的国家故事。对他们来说，帝国似乎是“德意志的”，因此太陌生了，不可能成为他们自己历史的一部分，除了法国（因为查理大帝当然是“法国人”）。然而，如果抛开这些狭隘的故事，我们会看到一幅更有趣的画面，那就是欧洲历史是如何相互关联的。

最后，了解帝国有助于我们对当下世界进行思考。民族主义运动和民粹主义运动目前之所以如此强势，是因为主权尚且薄弱，并且还在因全球化和其他一些国家无法控制的因素而持续削弱中。

尽管帝国的主权总是支离破碎的，但它们富有一定政治意义，那就是显示在没有一个强有力且高压的政府的前提下，分崩离析的主权是如何平衡诸邦间相互竞争的利益的。研究它们的意义是巨大的。

图片所属

12 © Getty
17 © Ed Crooks
26 © Getty
31 © Wiki
34 © Wiki
39 © Wiki, Petar Milosevic
41 © Alamy, Wiki
44 © Wiki, Getty
50 © Alamy, Getty Images
73 © Ed Crooks
105 © Shutterstock, Alamy
119 © Getty
131 © Getty
149 © Wiki
151 © Wiki, Getty
152 © Wiki, Alamy
164 © Wiki
175 © Wiki
196 © Getty

署名文章

只拥有虔诚之心是远远不够的 爱德华多 · 艾伯特
奥托一世 本 · 加祖尔
英雄还是恶棍——腓特烈二世 威洛 · 温瑟姆
"红胡子"腓特烈一世 斯科特 · 里夫斯
欧洲文艺复兴 德里克 · 威尔逊
哈布斯堡王朝 杰西卡 · 莱格特
查理五世 弗朗西斯 · 怀特
奥地利的玛格丽特 伊丽莎白 · 诺顿
奥地利的炼金术士 德里克 · 威尔逊
三十年战争 詹姆斯 · 霍顿
结束的开始？ 多米尼克 · 埃姆斯
维也纳战役 查理 · 金杰
鹰之决斗 马克 · 德桑蒂斯
瓦尔密之战 威廉 · E. 韦尔什
1803 年的《帝国代表重要决议》 凯瑟琳 · 柯曾
奥斯特利茨之战 杰克 · 格里菲思
1806 年后存续 彼得 · H. 威尔逊